養護施設で育った
住職が伝えたい

子育てで
忘れ去られた
とても大切なこと

森下瑞堂
Zuido Morishita
倶利加羅不動寺住職

現代書林

まえがき

教育とは文字どおり教え育むことです。それは人間がこの世に生まれた瞬間から始まります。国語、算数、社会などいわゆる学科の学習を始めるのは、小学校に入学した後ですが、それよりも前に日常生活の中で人間性の教育が始まっています。人間はこの世に生まれた瞬間から無意識のうちに価値観や世界観を身に付けていくのです。周知のように、人間にとって家庭や地域社会が最初の教育の場となります。そして死ぬまでなんらかの学習を継続し、社会とのかかわりを維持します。

そのためなのか、書店には広義の「学びごと」に関連した本があふれています。子育て論から、学習参考書、さらには記憶術から文章読本までその分野は限りがありません。これらの書物の需要も多いのが実態だそうです。

しかし、これらの本の大半は教育の専門家が書いたものです。ですから参考にすべき点が多いことは事実ですが、子育てに関する本に関していえば、視野の欠落した部分があります。それはわれわれが住んでいる世界が、霊魂によって司られている側面、すなわち〝見えない世界〟をまったく考慮に入れないまま、子育て論を展開していることです。

世の中には、数こそ限られていますが、霊能力者と呼ばれる人がいます。霊能力者は、大半の人には見えない霊界を直視することができます。

通常、人間が備えている感覚機能は、視覚、聴覚、触覚、味覚、嗅覚の五感です。したがってこれら五つの感覚によって認識できるものが世界の全体像ということになります。それは同時に脳が描き出す世界です。

しかし、霊能力者はこれらの五感だけではなく、霊能力を使って世界を認識することができるのです。たとえば神社に日本酒をお供えしたとき、神様は小さなワイングラスのようなものでお酒をお飲みになるとか、相談事があるときに神様が姿を現すとか、普通の人には見えない場面が知覚できるのです。

仮に〝見えない世界〟からのメッセージやアドバイスを子育てに応用できれば、子育ての方法論も従来のものとは随分さま変わりするのではないでしょうか。本書は、こういう視点から執筆した全世代のための教育論です。

わたしは倶利加羅不動寺の住職になる前は、マスコミの世界にいました。テレビの番組制作の仕事に携わっていたのです。倶利加羅不動寺を取材したことが、はからずもわたしが僧侶になったきっかけなのです。

ある時、わたしは名古屋市の守山区を車で走っていて、これまで見たこともない派手な寺に注意を惹かれました。当時、神仏関連のテレビ番組を数多く手がけてきた事情もあって、この寺の光景はわたしの好奇心を刺激しました。金色を基調とした色彩といい、本堂まで真っ直ぐに伸びた急な石段といい、これまでわたしが見たことのない外観の建物でした。わたしは「あやしい」と思いました。これがわたしと倶利加羅不動寺の出会いでした。それは〝見えない世界〟との出会いでもありました。

ある取材の帰り道のことでした。倶利加羅不動寺の前に差しかかった時、信号が赤になりわたしは車を停止させました。改めて例の奇妙な建物に視線を向けると、取材してみたいという思いが湧き上がってきました。寺の中にとんでもない不良僧侶がいるのではないかという気がしたのです。わたしは車を寺の駐車場に乗り入れました。「突撃取材」をすることにしたのです。

残念ながらこの日は住職と面談することはかないませんでしたが、住職から話を聞く約束を取り付けることができました。また、寺のスタッフからこの寺はチベット由来の寺であることを聞かされたのです。この時、倶利加羅不動寺の敷地に、チベット寺院が共存していることを知ったのです。それだけでも不思議に感じました。

縁というものは恐ろしいもので、この寺の住職・森下永敏さん（現在・大僧正）が、大変な霊能力の持ち主だったのです。

初めて森下住職をインタビューした時、わたしは会話が噛み合わないと感じました。その理由は後に分かりました。森下住職はわれわれ地上の人間と話すときも、片足は霊魂の世界におき、霊魂の声を聞きながら話しているからです。わたしが五感を総動員して会話しているのに対して、森下住職は五感に加えて霊感も使いながら話されるのです。

わたしは深い感銘を受け、その後、永敏住職の導きで出家して修行を積んで現在に至りました。その過程で霊魂の世界が地上の世界に対して優性的に影響を及ぼしていることを知ったのです。たとえば悪いことをすれば、必ずわが身に跳ね返ってきます。善行を重ねれば、必ず徳があります。不思議なことですが、それが真理です。

わたしには二人の子どもがいますから、父親として自分なりの教育論を持っていました。しかし、それは〝見えない世界〟をベースにしたものではありませんでした。その反省を踏まえて、万人のために執筆したのが本書です。

子どもの頭に数学やら英語やら断片的な知識をたたき込むことだけが教育ではありません。それ以前に、幼児のころから教えておかなければならないことがあります。まず、なによりも〝見えない世界〟があることを理解させておく必要があります。それにより、人は生きる知恵を身に付けることができるのです。

令和二年三月三十一日

倶利加羅不動寺住職　森下瑞堂

子育てで忘れ去られたとても大切なこと●目次

教え 1

いま、子どもたちに教えなければならない、最も大切なこと

教え 2

人生を決める人との出会い。縁と運命の不思議を教える

教え

3

「掃除」が導いてくれるよい縁との出会い、切り拓いてくれる運命

教え

4

子どもの仕事や結婚の適性を見極める。それが親としての務め

教え

5

教育に大切なのは、愛情を注いでくれる大人の存在

教え
6
寺を、教育の場、コミュニティーとして開かれたものに……

教え 7

魂の記憶を共有する水子さんと子どもの教育

付言

寺でしか教えることができないことがある

コラム　瑞どうとく

（本欄は、FM AICHIのラジオ番組「森下瑞堂の瑞どうとく」から一部抜粋し、文章にまとめたものです）

教え 1

いま、子どもたちに教えなければならない、最も大切なこと

01 人間的に未熟な親が、人間的に未完な子どもを育てている

このところ、親が自分の子どもを虐待する事件が相次いで起きています。

千葉県野田市の小学四年生、栗原心愛《みあ》さんが巻き込まれた事件は、父親の暴力で死に至り、母親がそれを止めることができなかったという痛ましいものでした。母親自身が、どう対処していいか分からなかったようです。なにもできないまま子どもを虐待死させてしまった——。なんと悲しい出来事でしょう。

昨年の八月一日、厚生労働省が発表した平成三〇年度の児童相談所による児童虐待相談対応件数は一五万九八五〇件でした。これは前年度より二万六〇七二件増え、過去最多の記録です。親としての資質が欠落している人が増え続けている証拠にほかな

りません。

自分が親だという自覚がもてない人が増えているのです。同時にこの人達は、そのことで悩んでいると推測されます。

実際、わたしが住職をしている倶利加羅不動寺にも、子どもの教育についての相談に訪れる若い母親が増えています。

「わたしに子育てができるのでしょうか?」

「つい子どもにつらく当たってしまいます」

「自分には親の資質はあるのでしょうか?」

といった相談を持ちかけてくる人が増えているのです。

子育てについての手がかりがまったくつかめない人が多く、その悩みは親だけではなく、昼のあいだ子どもをあずかる保育士さんたちも抱えています。

悩むこと自体は、成長するためのプロセスですから非難に値することではありませんが、問題は親や保育士が子育てのためのある程度の指標を身に付けていなければ、子育てそのものが間違った方向へ進んでしまうことです。

千葉県野田市の虐待事件にみるように、最近では、躾と称する体罰とＤＶの区別がつかない親もいるわけです。

つまり人間的に未完の人が、やはり未完な人間を育てかねない状況が生まれているのです。

しかし、それにもかかわらず、保育士の需要は増えて、保母さんの数が足りないので、未熟な母親が未熟な保母と協働で子育てをするという奇妙な状態が生まれているのです。

日本では少子化に歯止めがかからないとはいえ、共働きが増えていますから、保育士が不足する状態は当分続くでしょう。当然、未熟な保育士もどんどん増えていくでしょう。

これは、なんとしても解決しなければならない問題です。さもなければ、日本の将来は危ういものになりかねません。

02

子どもを自然に育てる。それは先祖があたりまえに実践してきたこと

子育てに関する問題をどう解決するかということになると、

「もっと子どもに接する時間を増やしなさい」

「詰め込み教育を改めなさい」

「幼児から英語だけは学ばせなさい」

といった教育評論家のような回答を期待する母親が多いようですが、僧侶であるわたしは、少し異なった視点からアドバイスするようにしています。もちろん教育評論家の教育論を頭から否定するわけではありませんが、わたしにはわたしなりの考えがあります。

結論を先にいえば、子どもを自然に育てなさいということです。ここでいう自然とは、われわれの祖先があたりまえに実践してきた子育てをしなさいということです。規則正しい生活を身に付けさせ、礼儀作法を教え、先祖供養を指導するなど日本人の大半がやってきたことを、子どもに叩き込むことです。

特に先祖を敬う態度を教え込むと、不思議と子どもはすくすく育ちます。概して、学校での成績も良くなるようです。これは不思議なことですが、僧侶としてのわたしの経験則から断言できることです。

わたしの寺には、おじいちゃんやおばあちゃんに手を引かれて寺参りする子どもが多いのですが、みんな礼儀正しく、仏壇のお供え物のお菓子をあげると、必ず「ありがとう」とお礼を言ってから受け取ります。

こういう子どもからは、マスコミをにぎわせている子どもの問題行動などまったく連想できません。昔ながらの家庭教育、特に先祖について語り継ぐ慣行が消えていったところに、子育ての問題が増えた原因があるのです。

03

幼いうちに心に刻む教育。子育てに高齢者が果たす役割は大きい

親は、子どもの脳が柔軟なうちに、世界の全体像を教えておくべきだと、わたしは思います。頭の柔軟性がなくなった大人に、たとえば先祖の霊魂の話をすると、

「霊魂？　そんなもの、どこにあるんや」

と、聞く耳を持ちません。

わたしが説明しようとすると、

「目に見えないじゃないか」

と、畳みかけてきます。

「目に見えるものがすべてではありません」

大人に向かって目に見えない世界の話をしても、拒否反応しか返ってきませんが、子どもであれば、自然に受け入れてくれます。子どもに先祖の話をするだけで十分なのです。

そのなかで、たとえば霊魂の概念を獲得し、われわれに影響を及ぼしているのは、目に見える世界だけではなく、目に見えない世界も含まれていることを理解するのです。その結果、親に隠れて悪さをすることもなくなるでしょう。

たとえば、家庭内に死という不幸があったときは、それを逆手に取って、次のように語りかけるだけで十分なのです。

「おじいちゃんは死んだが、死ぬ前からおまえのことがとても好きで、おまえのことをすごく心配していた。でもね、人間というのは魂があって、おじいちゃんは、魂になって天国へ行きたいと言っている。だけどお前が『おじいちゃん、おじいちゃん』と言ってくれないと天国へ行けないんだよ。だから毎日、仏壇の前で手を合わせなさい。そうすればおじいちゃんが天国へ行って、天国からお前を守ってくれるんだ」

子どもに対しては、こうした話だけで十分なのです。これ以外に無駄な説明はいらないのです。

要するに、汚れのない心のうちに、死後の世界も含めて世界の全体像を教える必要があるのです。

かつての日本の家庭ではそれが自然に行われていました。三世代、あるいは四世代が同居することが多かったから、高齢者が大事な子育ての役割を果たしていたのです。おじいちゃんやおばあちゃんが、立派な教育者だったのです。

こうした基礎的な家庭教育をせずに、いくら勉強を教えても、成績はまず伸びません。たとえ伸びたとしても、人格的に欠点のある人間になりかねません。

04 この世には、人間の五感だけでは知覚できない世界がある

話はやや横道にそれますが、読者の皆さんは、なぜ携帯電話で通話ができるかをご存じでしょうか。結論を先に言えば、電波で携帯電話と通信基地局が結ばれているからです。携帯電話で話した音声は電波に乗って、通信基地局へ運ばれ、そこからケーブルを伝って、話し相手の直近の通信基地局へ運ばれます。

さらにその通信基地局にあるアンテナから発せられる電波に乗って、話し相手の携帯電話に届きます。

こうした仕組みが構築されていなければ、携帯電話で会話することはできません。

改めていうまでもなく、この仕組みのキーになっているのは電波です。電波は見えま

せん。匂いもありません。音もありません。つまり人間の五感では知覚できないのです。

が、それにもかかわらず存在して、無線通信の重要なツールになっているのです。同時に電波を過剰に被曝すると人体に影響があることも科学的に裏付けられています。人間の五感で知覚できるものだけが、世界を形成しているわけではありません。この点を理解しておかなければ、子育てにも失敗します。人間の五感では知覚できないものが、われわれの世界では、数多くあるのです。

世の中には霊能者といわれる人が稀にいます。霊能者は、人間の五感で感知できないことも感知することができます。特殊な能力です。霊能力者の中には、厳しい修行によって、霊能力を身に付けた人もいます。

わたしの師匠であり、倶利加羅不動寺の森下永敏大僧正もそのひとりです。永敏さんは、常人では感知できないことも感知できるので、どんな問題に対しても適切にアドバイスされます。

われわれの五感では感知できない〝見えない世界〟からのメッセージを受け取る森下永敏大僧正(倶利加羅不動寺・前住職)

たとえば体から寒さが抜けなくなった女性が、相談にみえたことがあります。夏だというのにコートを着ていらしたので、わたしもその時の光景をよく記憶しています。永敏さんの霊能力でこの女性を直視されたところ、この女性が死亡した自分の父親の遺骨を海に散骨したことが分かりました。

そこで女性はお父様の墓を建て、開眼法要をしました。するとそれまで悩まされていた寒気がウソのように抜けました。

このようにわれわれの世界は、目に見えない力で左右されている部分があるのです。科学だけが万能ではないのです。

児童虐待の問題にしても永敏さんは、霊界との関係を知った上でアドバイスされます。数多く訪れる相談者の中には、水子さんを供養しただけで、息子さんが勉強に集中できるようになった例もあります。アトピーが治った人もいます。

そのためか、わたしはテレビで虐待のニュースを見るたびに、「それは水子さんが原因だ」と叫びたくなります。後述するように、水子さんはこの世に生まれる直前に命を絶たれたわけですから、この世への執着も強く、より供養が大切なのです。

墓に参拝している人の子どもさんは元気です。そして親子関係もいい。見ていて温かい。どこか穏やかです。これは不思議なことで、それを説明する学説はありません。子どもの問題を含めて、家庭に不幸があったときは、先祖の怒りの表明である可能性も、一応疑う必要があるのです。

わたし自身の霊能力は、永敏さんにははるかに及びませんが、師弟の関係にあるために、永敏さんの霊能力の威力をたびたび目の当たりにしてきました。そのたびにわたしは、世界や人間の見方が変わってきました。

物事を、現世で起きている現象だけで判断してはいけないのです。そのことを如実に感じたのは、永敏さんと一緒に、九州へ御祈祷に行った時のことです。それはまだわたしが永敏さんの弟子として修行を続けていた時代のことです。

05

両親が〝見えない世界〟を認識したとき、中学生のひきこもりは直った

僧侶という職業柄、御祈祷のために遠方へ足を運ぶことがたびたびあります。わたしがまだ出家して間もないころ、永敏さんと一緒に九州へ行ったことがあります。信者さんから、子どもについて悩んでいることがあるので祈祷してほしいと頼まれ、遠方へ赴いたのです。

子どもといっても、中学生の女の子です。両親から事情を聞いたところ、精神を病んで病院に入院しているが、病室に引きこもりの状態になっているといいます。面会できるのは、主治医、看護師、両親だけ。それ以外の人には会わない。病室の窓には黒いカーテンをかけて、光が入らないようにしてあります。外界との接触を一切封印

して、自分の世界だけに閉じこもっているというのです。

しかも、こうした状態になってすでに四年も経過しているといいます。精神のほかには、どこも悪いところはありません。

病院へ出かけていき、病室で御祈祷をするわけにはいかないので、わたしと師匠は、信者さんの自宅へお邪魔しました。家業は魚屋さんです。鮮魚を販売して生計を立てているのです。

店舗と自宅が一緒になっていて、割に新しい建物でした。永敏さんは御祈祷が終わってから、次のように言われました。

「子どもさんが精神を病んだのは、魚に対する感謝の念がないからです。魚を殺生して、この家を建てたわけでしょう」

夫妻は神妙な面持ちで永敏さんの話に聞き入っています。

「娘さんが入院したのは、家を建てたころからでしょう」

「そうです」

「やっぱりね」

「よく分かりませんね。どういう意味でしょうか」

「この家には、まず魚に対する感謝を表す神棚がありません。先祖供養をしようという気持ちもないでしょう。仏壇がありませんからね。自分を生かしてくれているものに手を合わせる気持ちすらない。これでは神さんが怒ります。その怒っている姿が、今のあなたの娘さんの姿なんですよ。子どもが帰ってくることをいくら願っても、絶対に帰ってきません。まず、神様を祭りなさい。お魚に感謝しなさい。そして先祖を敬いなさい。そうすれば娘さんはすぐに帰ってきますから。娘さんには何の責任もありません」

夫婦はすっかりふさぎ込んでしまいましたが、目は輝いていました。永敏さんの話に納得したのでしょう。

わたしと永敏さんは、夫妻の幸運を祈ってこの家を後にし、そこから車で三〇分ほどの所にある別の信者さんの家に向かいました。ここでも永敏さんは、霊魂の世界について説かれました。二時間か三時間、祈祷されました。そして最後に励ましの言葉をかけ、玄関を出た時のことです。

先ほど訪問した魚屋の夫妻とひとりの中学生ぐらいの女の子が立っていました。なぜか目が輝いていました。顔には微笑が浮かんでいました。

「先生、実はあれから病院へ行って、名古屋からえらい先生に来てもらってお祓いをしてもらった、と言うと、娘がその人は、こういう人だったのではない？　と言って紙に絵を描きました。その絵が住職様にそっくりだったので、驚いて報告に来たのです。娘は住職に会ってもいないのに、住職様の絵が描けたのです」

「すごいね、よく分かったね」

永敏さんも微笑まれました。

「娘がこの人に会いたいと言うから、連れてまいりました」

わたしもそのころは仏門に入ったばかりだったので、こんな不思議なことが現実にあるのかと思いました。同時に、世界の見方が完全に変わりました。世界には五感では感知できないものがあり、永敏さんには世界の全体像を見据えることができると確信したのです。

この女の子は、永敏さんに会ったことはありません。写真すら見たことがない。しかし、きっとイメージとして頭の中に永敏さんの姿が浮かんだのでしょう。

この中学生が精神病になったのは、自分の責任ではなく、両親に魚に対する感謝の念がなかったり、先祖供養が十分にできていなかった結果にほかなりません。ですから娘さんをいくら叱っても、いくら薬を飲ませても、事態は改善しなかったのです。

ところが両親が霊魂を敬う心をもったことで、悪因果の呪縛から解き放たれたのです。

われわれが生きている世界は、目に見えない力にも左右されているのです。ですから子どもを育てる上でも、この点を認識しておく必要があるのです。子どもに世界の全体像を捉える力を、脳が柔軟なうちに身に付けさせておく必要があるのです。それゆえに子育ての前にまず、親自身が信仰心を持つ必要があるのです。

06

科学万能の世界観を身に付けてしまう前に、〝見えない世界〟を教える

幸いにわたしの住むコミュニティーでは、お母さんたちが自主的に集まって子育てを語る企画も始まっています。そのための場を倶利加羅不動寺が提供することも前向きに進めています。わたしとしては、地元からそうした要望があがるのは嬉しいことです。

われわれがこれから考え、議論しなければならないテーマは無数にあります。しかし、絶対に無視することのできない基本的なものの見方は、世界の全体像をどう把握するのかということです。科学だけで解釈するのは明らかな間違いです。

子どもが科学万能の世界観を身に付けてしまうと、取り返しがつかないことがあり

ます。その意味で、幼児期の間に親は子どもに、世界には五感では感知できないことがあるのを教える必要があるのです。

コラム
瑞どうとく
1

思いやりのある子を育てる

ある著名なビジネスマンによると営業に成功するかどうかは、第一印象で決まるそうです。服装など外見は、どうにでも工夫できますが、内面を露呈してしまうものは言葉遣いと表情です。思いやりのない人は、それが言葉遣いや表情に現れます。ですから子どもに思いやりの心が目覚めるように導いてほしいものです。

ある時、わたしは友達の家の軒にあった燕の巣を棒切れで突きました。すると卵が落ちて割れました。友達のお母さんが、血相を変えて、

「なんてことをするの。お父さんにいいつけるから」

と、言いました。実際、その日のうちに怒鳴り込んできました。

「あんたのところの息子がとんでもないことをした。燕の巣をつついて、ひな鳥を殺

した」

父は関東軍の元大佐で、恐い人でした。義父で血縁はありません。わたしは覚悟を決めました。しかし、父は、「もうするなよ」と一言いったきりでした。

それから後、わたしはメンコをしていて大勝しました。友達のメンコを全部自分のものにしたのです。家に帰りそれを父に自慢すると、「ばかもの」と怒鳴りつけられました。

遊びごととはいえ、ひとのものを取り上げてしまうのは、配慮が足りなかったと反省しました。数年後、わたしは小学校の体育の授業で、ドッチボールをしたことがあります。コートの外にいたわたしに、絶好のボールがきました。わたしはコートの内側にいた女生徒を目がけてボールを投げようとしました。しかし、ボールを放す瞬間、力を抜きました。

その瞬間、先生が笛を鳴らしてみんなを集めました。

「今なあ、森下は、ボールをそっと投げてあげた。それが思いやりなんだ」

理屈ではなく実生活の中で、子どもに思いやりを教えてください。

教え 2

人生を決める人との出会い。縁と運命の不思議を教える

07

その後のわたしの人生を決定づけた、あの運命的な〝提案〟

縁や運の大切さについても、子どもの脳が柔軟な時期に教えておくべきでしょう。縁や運とは他人との出会いのことです。どんな人と知り合って交友を結ぶかで、その人の人生が決まると言っても過言ではありません。その意味では、良縁に恵まれるか、悪縁につながってしまうかは運命的な側面があります。

先祖を供養することで良縁を呼び寄せることも可能ですが、何によって縁が決まるのかは、簡単に説明の付かない場合も少なからずあります。

たとえばわたしは、現在、倶利加羅不動寺の住職として生きていますが、若いころは自分が寺の住職になることなど想像もしませんでした。自分の人生は宿命的に暗雲が待ち受けているものと思っていました。

わたしは幼くして、母を亡くしたうえに、実の父がだれかも分かりません。長崎県対馬《つしま》の貧しい家で育ち、母が病気になってからは佐世保の養護施設で育ちました。

わたしの脳裏に残っている母の最後の姿は、結核病棟の一室で、ベッドに横たわっている姿でした。結核療養所に入院している母を見舞ったのですが、病室の戸を開けて、中に入ろうとした時、母から、

「帰りなさい」

と、怒鳴りつけられました。母は、自分の結核菌がわたしに感染することを恐れたのでしょう。わたしは泣きながら、病院を出ました。それが母を見た最後でした。

その後、見知らぬ男性がわたしの家に現れ、これから佐世保の養護施設へ行くので、すぐに準備するように告げました。フェリーで海を渡り、博多に到着し、そこから鉄道で佐世保へ向かったのです。

施設には中学校を卒業するまでいましたが、卒業後、愛知県の津島市にある定時制高校へ入学しました。これも何かの縁ではないかとわたしは考えています。

中学校の卒業が近づき、進路を決めるときも、施設の先生がいろいろとアドバイスしてくれたのですが、最初は津島市という地名すら知りませんでした。

先生は、わたしに対して、

「おまえ、京都へ行ったら？　あそこには先輩もいるし」

と、京都をすすめました。

「京都はいやですね」

「それならいっそう東京へ出たら」

「東京にはだれも知り合いがいませんしね」

わたしは煮え切らない返事をしました。

「大阪は？」

「東京以上に嫌です」

次に先生が提案したのが、愛知県の津島市でした。

「津島市には、定時制高校へ通わせてくれる会社もある。そこへ入って、高校へ行きなさい」

わたしは、「ツシマ」という地名に関心をそそられました。わたしの出身である長崎県の対馬と音が同じ地名だったからです。こんなこともあるのだと不思議に思いました。なにか深い縁があるような気がして、わたしは施設を卒業したあと、愛知県に移り住んだのです。

縁とか運命は、こういうことをいうのです。ある意味では説明が付きませんが、縁を無視して生きるわけにはいかないのです。

08

「一五円のお賽銭」が、わたしの運命を切り拓くきっかけになった

定時制高校の四年間は、学生寮に入り、ある意味では平穏な日々でした。昼間に働いて、夜、高校へ通う生活の連続でした。自分の運命に暗いものを感じていたので、高校を卒業したあとのことは、まったく決めていませんでした。

わたしには、親もいなければ、親しい親戚もいませんから、人生設計など必要なかったのです。当時、わたしが唯一望んだのは、一刻もはやく団体生活から抜け出すことでした。佐世保で過ごした時代は養護施設、津島市での高校の時代は寮に入っていたので、団体生活には辟易していたのです。ひとりで考える場所が持てないことは、大変な苦痛です。

そこでわたしは寮から逃げ出しました。投げやりになっていたのか、会社も辞めました。おそらく卒業が間近になっていた一月か二月ごろだったと思います。

しかし、会社の寮から逃げたとはいえ、その後のことは決めていませんでした。わずかばかりの貯金を切り崩しながら、うろうろしました。わたしには、楽観的なところがあり、そのうちなんとかなると思っていたのです。運命にまかせるといいますか。

しかし、お金が湧いてくるわけでもなく、やがて持ち金も底をつきました。喉が渇いたと感じて、ポケットをさぐると、一五円しかありませんでした。

「一五円か？」

わたしは冬の灰色の空を仰ぎました。

「終わったな」

一五円では、パンも牛乳も買えません。

すると、その時、小さなお宮がすぐそばにあることに気づきました。わたしはその神社の境内に入って、一五円を賽銭箱に入れました。それから手を合わせました。そして、

「ありがとうございました」

と、呟きました。今にして思うと、ここが運命の分かれ目だったのです。

わたしは神社を出て名古屋駅へ歩いていきました。しかし、切符を買うお金もありません。そこで待合室のベンチに腰かけて、ぼーっとしていました。当時は、夜行列車のあった時代で、二四時間、待合室が開いていたのです。

眠気に襲われうとうとしかけて目を開いた時、すぐ目の前に中年の男性がいることに気づきました。男性は、わたしのことが気になっていたのか、声をかけてきました。

「だれか待っているの？」

「だれも待っていません」

「あそう、仕事？」

「仕事でもないですが」

「学生さん？」

「学生でもないです」

「それは君、おかしいだろう。だれかを待っているわけでもない、仕事しているわけ

くず入

でもない、学生でもない。一体、ここでなにをしているの」

わたしはなぜか自分の身の上話をしました。幼い時に母と死別したこと、佐世保の養護施設に入っていたこと、津島市の定時制高校へ通っていたが、会社の寮を飛び出してきたことなどを話しました。

「君のように若い人が、何もやることがないというのはダメだよ。それはまずいな」

男性は、

「それはまずいな」

と、何度も繰り返しました。

「君、歌を歌える?」

「歌は好きです」

「じゃあ、布施明の『シクラメンのかほり』を知っている?」

「知っていますが」

当時、大ヒットしていた曲です。

「じゃ、歌ってよ」

「ここですか」

「ここでいいじゃない。だれもいないから」

「わかりました」

わたしは『シクラメンのかほり』を歌いました。すると、男性はオーといって拍手しました。

「おまえ、うまいな。よかったら、おれが働いている会社を紹介してあげるよ。アルバイトでもなんでもいい。寮もあるから」

男性の素姓はよく分からず、少し気味が悪かったのですが、失うものはなにもないので、わたしは男性について行きました。

この男性は、自分が勤務している会社の社長にわたしを取り次いでくれました。

「すぐに住むところが必要だから、寮に案内してやってくれ。布団もあるから、出してあげなさい」

それから社長は、

「飯食う金もないだろうから、これを取っておきなさい」

と、言って、財布から数万円を取り出して、わたしに手渡しました。

この会社は産業廃棄物関連の事業を展開していました。ここでしばらくアルバイトをしました。わたしが生まれて初めて、人から心をかけてもらった体験です。涙がでるぐらいありがたかったです。

これが人との出会い、縁というものなのです。もし、一五円の賽銭を惜しんでいたら、神社で手を合わせて、「ありがとうございました」と呟くこともなかったでしょう。新しい仕事に出会うこともありませんでした。

一五円の賽銭をしたその日に、こうしたことがあったのだから、縁とは不思議なものです。

09

“見えない世界”を確信。好奇心を刺激されたチベット寺院

わたしは賽銭の一件がなかったら、僧侶とは別の道を選んでいたのではないかと思います。一五円の賽銭から自分の生きる方向性が定まったことで、この世の中には、人間の五感では知覚することができないものがあることを確信したのです。

実際、倶利加羅不動寺との縁ができたのも、不思議な運のめぐり合わせからです。産業廃棄物のプラントの維持・管理の仕事を体験したあと、わたしは車のセールスマンなどを経てテレビ番組の制作に携わるようになりました。自分でも、番組制作会社を立ち上げました。

わたしが制作した番組の中には、寺院に関係したものが数多くあります。賽銭の件

からのち、わたしの心の中で、寺院への関心が高まっていたからでしょう。テレビマンになってからは何人もの僧侶や宮司にインタビューしました。

ある時、わたしは取材の帰りに車で名古屋市守山区にある倶利加羅不動寺の前を通りかかりました。と、信号が赤になり、車を停止させました。

ふと運転席から外を見ると、緑の山腹の中に金色とも茶色とも区別が付かない壁の奇妙な建物が見えました。日本では見たことのない建物です。竜宮城のようなイメージがありました。

わたしは強い好奇心にかられました。なにか怪しいと直感したのです。とんでもない新興宗教が名古屋にやってきたのではないかと思ったのです。が、今にして思えば、これも縁だったのです。もっと厳密に言えば、信号が赤になって、倶利加羅不動寺の前で車を停めたことも縁だったのです。

わたしは直撃取材することにして、寺へ乗り込んでいきました。あいにく住職には面会できませんでしたが、スタッフの方が寺の由来を説明してくれました。日本で唯一のチベット仏教の寺院だったのです。

その後、森下永敏住職（当時／現・大僧正）へのインタビューも実現しました。その結果、わたしはとんでもない勘違いをしていたことに気づいたのです。永敏さんは、とてつもなく徳の高い僧侶だったのです。

10

縁によって人はつながる。先祖の墓を探し当て実証したそのこと

その後、わたしは倶利加羅不動寺の僧侶になるわけですが、これもそういう定めになっていたのだと信じて疑いません。わたしはその確証を得ています。が、この話をする前に、若干、森下永敏大僧正のことに言及しておきましょう。

永敏さんは、もともとはどこにでもいる平凡な主婦でした。ある時、永敏さんの夢枕に不動明王が立ち、福井県の本郷という村へ赴いて、不動明王像を運び出すように「お告げ」がありました。永敏さんは、家族の反対を押し切って、指定された村の指定された寺へ急行しました。

するとその寺では、高齢の女性行者が永敏さんが現れるのを待っていました。この

行者の夢枕にも不動明王が現れ、永敏さんが程なく到着することを告げていたのです。永敏さんは、不動明王像を京都の仏師のもとへ運び、そこで像を修復しました。それから名古屋にある自分のアパートに保管しました。

そして倶利加羅不動寺を建立し、不動明王像を本堂に安置したのです。これが寺の始まりです。

その後、永敏さんは厳しい修行を積まれました。修行のためにチベットへも行かれました。修行を重ねるうちに目には見えない世界を知覚する能力を獲得されたのです。ちなみに永敏大僧正のことは、宗教ジャーナリスト・鵜飼秀徳さんの著書『「霊魂」を探して』（KADOKAWA刊）でも、霊の世界と交信できる僧侶のひとりとして紹介されています。

わたしが倶利加羅不動寺の住職になった経緯については、前著『「墓じまい」の結末』（現代書林刊）に詳しく書いているので、省略しますが、一言で言えば縁があったからです。そういうふうに運命づけられていたのです。

事実、こんなことがありました。ある時、わたしは永敏さんのお供をして、京都府の舞鶴へでかけたことがあります。目的は、永敏さんのルーツを確かめることです。実は、永敏さんを含めて七代前の先祖は、寺の住職をされていました。ところがその住職は寺を潰してしまった経緯がありました。この寺院は、その後、再建されて今でも舞鶴にあります。

永敏さんは、その住職から七代目にあたることにこだわりを持っておられました。というのも、僧侶の徳は七代で切れるからです。そこでわたしと永敏さんは、七代前の住職のお墓を探し出して供養することにしたのです。

いったんなくした寺を永敏さんが、あらたに倶利加羅不動寺として再興しなければならなかったという因縁ではないかと、わたしは考えています。ですから永敏さんもわたしもお墓を探しだすことにこだわっていたのです。

寺に到着して、住職に墓地へ案内してもらいました。ところが墓石の数がおびただしいうえに、なかには無縁仏になっているものもあります。風雪で劣化して文字が判別しづらいものや、泥にまみれているものもありました。わたしは墓石の特定は困難ではないかと思いました。

それでも三人で手分けして探し始めました。

わたしが最初の墓石の汚れていたところを手でこすった時のことです。「瑞」という字が出てきたのです。わたしは、「え！」と思いました。わたしの名前である瑞堂の瑞が出てきたことを不思議に感じました。

これを手がかりに寺の過去帳などを使って調査したところ、この墓が永敏さんの先祖の住職の墓であることが分かりました。

さらに永敏さんがこの寺で、肉眼で見えない世界を霊視したところ、わたしが永敏さんの先祖の住職の生まれ変わりであることが分かったのです。その時、わたしは自分が倶利加羅不動寺の住職になることを運命づけられていたことを知ったのです。縁によって人はつながることを知ったのです。

わたしは、このような縁の不思議を子どもに積極的に教えるべきだと考えています。

11

運は、徳を重ねる人と出会えるかどうかで決まる

運や縁の大切さを漠然と感じている人は、決して少なくありません。たとえばある時、わたしがよく行くクリーニング屋さんで働いている顔見知りのおばちゃんと、こんな会話のやり取りがありました。流れていた地元のラジオ放送が、

「今日は暦の上ではとんでもなく縁起のいい日なので、宝くじを買うといいかも」

と、言ったのがきっかけでした。わたしは、

「そんな暦で宝くじが当たるはずがないだろう」

と、ぼそりと言いました。

「そうだよね、やっぱり宝くじは運だよね」

と、おばちゃんが応じました。

「宝くじは運以外の何ものでもないでしょう。純粋に運ですよ」

わたしの言葉がおばちゃんに火が付けました。

「人生もやっぱり運だよね」

と、言うのでした。

「もちろん運です。人生の良し悪し、幸不幸を決めるのももちろん運だ。運以外にないですよ」

おばちゃんが納得したようにうなずきました。

「やっぱりそうなんだ。わたしは運が悪いよ。ずっと働いているが、貯金もできないしね」

おばちゃんは自分の悪運を嘆き始めました。

「やっぱり運か」

「そうだよ。ところで運はどこから来ると思う」

「え？」

「実は運とは人との出会いのことなんだよ。自分の運を上げるのも下げるのも、人との出会いだよ。会う人によって、上がりもすれば下がりもする。だけど出会える人は決まっているんだよ」

「そうだよね。刑務所へ行けば、刑務所に入るような人しかいないしね」

しかし、縁や運命はあらかじめ設計されているとすれば、人生を主体的に生きる意味がなくなりかねません。が、真理はそうではありません。善行を行うなどの徳を積んでいけば、よい縁に恵まれるようになります。先祖を供養するとか、神社や寺に参拝して感謝の念を表すなどしていると自然と幸運に恵まれるようになるのです。

徳を重ねていると人との出会いがあります。人との出会いは目で見えますが、それをつないでくれる縁は目には見えません。このことを子どもの時から教えておかなければならないでしょう。大人になってからでは、こうした考えはなかなか受け入れられなくなってしまうのです。幼児期こそが道徳教育に適しているのです。

コラム
瑞どうとく
2

善玉の言霊と悪玉の言霊

倶利加羅不動寺には、言霊（コトダマ）の碑があります。大僧正の森下永敏さんが建立されたものです。

皆さんは、言霊が何を意味するかをご存じでしょうか。言霊とは、言葉に宿る魂のことです。同じ内容の話を聞いても、言霊が宿っている場合と、宿っていない場合は印象が異なります。とはいえ、言霊を意識して言葉を発しているひとは恐らくだれもいません。

わたしは僧侶ですから、お経を読みます。お経には言霊が特に大切で、言霊が乗らなくては、お経が仏様に届きません。心こめてお経を読むと、言霊が仏様に届きます。音律もよく響きます。

仏様は、お経の声を聞かれているのではありません。声ではなく、言霊を聞いておられるのです。ですからお経そのものが上手か下手かはあまり関係ありません。言霊が乗っているかどうかが大事なのです。

昔、知恩院で素晴らしいお経をあげる坊さんがいらっしゃいました。それを聞くとわたしにもありがたさが伝わってきました。知恩院で暮らしたいと思ったぐらい素晴らしいお経でした。言霊が乗っていたからです。

人を褒めるときも、叱るときも、言霊の有無によって説得力が異なってきます。言霊が乗った言葉が届くと、涙がでたりします。

しかし、言霊には負の側面もあります。言霊は人を罵る言葉にも乗り移ることがあるのです。悪玉の言霊が乗った状態で批難すると、相手は心に傷を負います。ですから子どもを叱るときは、特に注意が必要です。叱るときも、愛情を持って叱る必要があるのです。これは会社などで後輩と接する場合にも当てはまります。叱るときも愛情を持って対処する必要があるのです。

同じ言葉でも、善玉の言霊か悪玉の言霊によって意味が異なってくるのです。

教え 3

「掃除」が導いてくれるよい縁との出会い、切り拓いてくれる運命

12

お寺の奉仕活動に参加するようになった一三歳の少年の姿

倶利加羅不動寺は、昼間は門を開いていて、だれでも自由に境内に出入りできます。その結果、信者さんはいうまでもなく、地元の人、旅行者、それに時には外国人も寺を訪れます。訪れる人はだれでも受け入れています。

ある時期から一三歳の少年が倶利加羅不動寺に来るようになりました。機会を見つけて、わたしは少年に、

「お寺が好きなの？」

と、声をかけてみました。

「はい」

「お寺の何が好きなの」

「お参りすると、仏様から好かれるからです」

少年は、寺の掃除にも参加するようになっていました。わたしが強制したわけではありません。信者さんらが掃除をしているのを知って、自らこの奉仕活動に参加するようになったのです。その理由を尋ねてみると、大人でも、なかなか考えつかないことを言います。

「掃除をすると境内が美しくなります。するとお参りする人が増えます。そうすれば仏さんがよろこび、寺が繁盛します」

「ほう、すごい発想だな」

こうした考え方は、倶利加羅不動寺に何十年も参拝している人でも、なかなか浮かびません。

少年は最初、自宅近くにある別の寺へ通っていたといいます。寺院への関心が高まると、インターネットで別の寺を探し始めたそうです。

そして自宅から近い場所に、倶利加羅不動寺という寺があることを知ったのです。

それが縁となり頻繁に倶利加羅不動寺へ足を運ぶようになったのです。

「この寺は空気が違います。境内に入ったとたんにそれを感じます」

「両親はなにをされているの」

と、わたしは少年に聞いてみました。

「父は土木関係の会社に勤めています」

「お母さんは」

「母はスーパーで働いています」

「何人兄弟なの」

「五人です」

少年には三人の兄と一人の姉がいるといいます。長男と次男が自衛隊員で、三男が消防士です。姉は看護師です。ごく普通のサラリーマンの家庭のようです。

「中学校を卒業したら、出家しようと思っています」

「親が反対するぞ」

「大丈夫です」

「まず、大学まで卒業して、それでもお坊さんになりたければ、出家しなさい」

自分を心地よくしてくれる体験を、友達とも共有したいと思うのでしょう。その後、少年は友達を連れて倶利加羅不動寺へ来るようになりました。二人とも、ラグビー部に所属しています。普段から体を使っているので、掃除するときの身のこなしも軽いです。

この少年は、心が清い。テレビゲームにも興味がない。寺参りしながら、部活のラグビーも一生懸命にやっています。生活の基幹の部分に寺院の存在があるのです。生活の一部になっているといっても過言ではありません。

13 掃除は、大切な信仰心も、心と体の健康も育んでくれる

この少年と接してみてわたしが驚いたことのひとつに、掃除をする意味をよく理解していることです。なぜ、掃除をすると御利益が自分に返ってくるのかを理解しているのです。こうしたことは、大人でも、わたしが説明しなければ理解できません。ただ、奉仕の精神だけで掃除に参加している人が多いのです。

掃除をすれば神仏が喜び、寺院が繁栄するというのは真理です。その結果、よい縁とめぐり合うことができるのです。自分の運命をよくする最も身近な方法が、掃除をすることです。ところがこの簡単な原理がなかなか認識されていません。

わたしは仕事柄あちこちの家に呼ばれて祈祷をしたり、トラブル相談に乗ったりす

る機会が多いのですが、問題のある家庭に共通しているのが、掃除を軽視していることです。

玄関を入ると、下駄箱にほこりがたまっているとか、かびの臭いがするとか、明らかに神仏が嫌う生活環境の家が少なくありません。ですから玄関へ入った瞬間に、わたしは不幸や災いの原因を直感することもあります。

ある時、半ばゴミ屋敷のような家に呼ばれたことがあります。子どもが部屋に閉じこもったまま延々と歳月が過ぎているのでなんとかしてほしいという相談でした。

この家の玄関を入ったとたんに、わたしは空気が濁っているように感じました。窓もほこりだらけです。応接間で相談に乗っていると、二階へ通じる階段のほうから、物が落ちる凄まじい音が聞こえました。

そちらへ視線を向けると、小型のテレビが転がっていました。二階から、

「うるさい!」

と、一喝する声が聞こえました。

さらに次々と本やら雑誌やらが落ちてきました。さすがのわたしも唖然としました。

これが掃除を軽視して、衛生にも無頓着な家庭の実態なのです。

子どもを育てる上で、最も身近でだれにでもできることは、掃除を通じて信仰の心を育てることです。また、掃除は健康増進にもつながり、二重の効用をもたらします。床のふき掃除を三〇分も続けてごらんなさい。冬なら体がぽかぽかと温まり、夏なら汗だくになります。

いま流行のウオーキングなどよりも、はるかにいい運動になります。掃除をすることで、体も心も健康になるのです。

宗教団体の中には、天理教のように掃除を重視している教団もあります。この教団の信者さんは、ほうきを持って歩いていることがよくあります。教団に所属している知り合いの会社の社長は、毎朝、社員に自社の掃除だけではなく、社屋が接している道路や近隣の掃除もさせています。自らも掃除の先頭に立ちます。そのためなのか、この会社の近くへ行くと、街そのものに清潔感があります。空気も澄んでいます。

それが会社成長の要因とまでは言わないにしても、掃除することで、極めて印象がいい会社になっていることだけは間違いありません。社員の士気も高いです。

14 掃除の習慣がないチベットで起きていることとは……

もちろん掃除を重視する習慣があるのは、日本だけではありません。ネパールやモンゴルの人々も掃除を欠かしません。ヨーロッパ諸国の人々も、掃除をします。ただ、拭くという発想は日本独特のものかも知れません。掃き掃除をする国はたくさんありますが。

例外的なのがチベット仏教の本拠地、チベットです。チベットの人々は掃除をしません。トイレも汚いのを通り超して恐ろしく不潔です。わたしは、チベットで修行したことがあるのですが、ホームステイさせてもらっていた家で、トイレはどこかと聞いたところ、

「トイレは裏だ」

と、言われました。

チベットの家は塀で囲まれています。その塀の外にトイレがあるのですが、何百年も便を捨てていないらしく、その異様な光景に唖然としました。延々と遠くまで便が山脈の模型のように続いているのです。便の上に便が積み上がり、いくつも小山ができているのです。澄み切った青空と、糞の山々が奇妙な対照でした。

道路は牛や山羊の糞だらけです。道路を歩くのに糞を踏まないように注意しなければなりません。チベット仏教は先祖供養もしません。それどころか先祖の記憶をきれいさっぱりと捨ててしまうことをよしとしています。その意味では、わたしには共感できないところもあります。

掃除もせず、先祖供養もしない文化だから、守護神もなく、中国の支配下に置かれてしまったのかも知れません。

一三歳の少年が話していたように掃除の行き届いている寺院は、参拝者も多く来ます。掃除が行き届いていないと、誰も参拝しません。先祖を供養するような雰囲気ではありません。

そういうところへ行ってもまず御利益はありません。神仏が力を発揮しやすいように、掃除してくれる人間に御利益がいくわけです。

ただし、子どもに掃除をさせるために、掃除の対価を与えることはよくありません。お母さん方の中には、掃除のごほうびとして小遣いを支払っている人が時々います。わたしに言わせれば、この発想はまったく間違っています。

道徳は、金銭で買えるものではないからです。掃除に対して対価である金を払うと、掃除の目的が徳を得ることではなく、金儲けに変質します。お金がからんだ損得計算で動く人間に育ってしまうので、教育という観点からすれば、間違っています。掃除に対して、労働の対価を与えてはいけないのです。

15 少年時代に体験した一日三回の掃除。それがいまのわたしの基本に……

わたし自身も、養護施設で徹底して掃除を叩き込まれた体験があり、その時の体験が今も生きています。当時は、そのことを認識していませんでしたが、いまにして思えば、貴重な体験でした。

すでに述べたように、わたしは子どものころ、家庭が貧しかったので、佐世保市の養護施設で長らく暮らしました。先日、わたしは、はるばる佐世保市まで足を運び、自分がかつて生活していた施設を訪問しました。

わたしが最初に感じたのは、掃除が行き届いていないことでした。建物に入ってすぐにそれを感じました。

わたしが施設にいた時代は、木造で、一日に二回掃除するのが日課でした。学校でも授業が終わったあと、みんなで掃除していましたから、われわれ施設の児童は、一日に三回掃除することがあたりまえになっていた。まさに掃除に明けて、掃除に暮れていたのです。わたしは、それが普通の少年の生活なのだと思っていました。学友たちもそれぞれの自宅で、われわれ施設の少年と同じことをさせられているのだと思っていました。

ちなみに、わたしが施設にいた時代の入所している生徒の数は、八〇名から一〇〇名ぐらいでした。学年の区別なく、同じ建物に住んで集団生活していたのですが、今は小学生、中学生、高校生に分かれて別々の棟で生活するようになっています。したがって教育環境も当時とはまったく異なっています。わたしは幼い時から青少年の世代までが同じ建物で共同生活することは、教育的に意義があると思いますが、この点については本章のテーマから外れるので、言及しません。ここでは、ただ教育環境が昔に比べて悪くなっていると言うに留めましょう。

わたしは僧侶になってから、掃除の大切さを感じるようになったので、この施設の

職員に、

「最近の子どもたちは、掃除をしないのですか」

と、尋ねてみました。

「子どもは掃除をしません」

わたしは驚きました。

「それなら誰が掃除しますか?」

「職員です」

「掃除の手伝いもさせないのですか」

「させません」

この答えを聞いた時、これは明らかに教育方針が間違っていると思いました。多くの子どもがおかしくなってきた原因の一つに違いないと思いました。

そこで掃除をさせない理由をよく聞いてみると、子どもに掃除を強いると、法的には虐待とみなされかねないことが分かりました。いつの間にか法律に違反していないかどうかが、行動を決める前提になっていたのです。大人が子どもを教育する上で、あまりにも神経質になってしまっていると思いました。

その結果、子どもに掃除をさせることが、法的にみて適法か否かが議論の出発点になってしまったのです。体罰についても同じことがいえます。

体罰は原則としては、絶対にあってはならないことですが、わたしは時には必要ではないかと考えています。

16 体罰の捉え方。法律より愛情を優先する、わたしの教育

実際、わたしは自分の子どもに体罰を加えたことがあります。特に息子に対しては、容赦なく体罰を加えました。さすがに娘に体罰を加えることには、ためらいがありましたが、それでも必要な場合に体罰を加えたこともあります。

それは兄妹で悪さをしていたのを見つけた時のことです。女の子は殴りたくない。顔に傷がつくと大変だから。でも男の子だけを殴るわけにはいかない。それをやると、子どもたちの中に、後々まで暗い影が残ります。

そこでわたしは心を鬼にして、男の子にビンタを加え、返す手で女の子のほおを打ったのです。たった一回ですが、娘にも体罰を加えたのです。

これが原因かどうかは不明ですが、その後、娘との関係が非常によくなり、わたしが出家する時も理解を示してくれました。今も良好な関係にあります。父権を守ったとも言えるでしょう。

わたしは教育においては、法律よりもあくまでも子どもへの愛情を優先すべきだと思います。わたしの育ての親もそうでした。育ての親は、関東軍の元将校で、恐い人でした。近づきがたい面もありました。直ぐに体罰を加える人でした。言葉よりも体罰なのです。

それでも今から思うと、血縁関係のないわたしであるにもかかわらず深い愛情を注いでいてくれたのです。養護施設から帰省して、フェリーに乗って再び対馬の港を離れるわたしを、岸壁に立って見送ってくれていたのを覚えています。戦場で気性が荒くなっただけのことで、本当は心優しい人だったのです。

当時の大人は、現在ならば虐待と見なされかねない子育てをしていました。体罰は当たり前のことでした。とはいえ、やはり虐待と「愛の鞭」は区別していたのです。

わたしがいた施設は、規模が大きかったので、トイレが何カ所かありました。掃除が終わると、われわれ児童の代表が職員に報告する決まりになっていました。

ある時、わたしが掃除の終了を報告すると、職員は、わたしと一緒にトイレを点検しました。便器を指さして、

「なめてもいいぐらい綺麗に磨き上げたか？」

と、尋ねて来ました。

「はい」

「じゃあ、なめてみろ」

わたしはさすがに黙り込みました。それだけは、憚られました。これが現在であれば、たちまち「問題発言」、「暴言」ということになります。こんな話がマスコミの耳に入れれば、施設の長は記者会見を開いて、「体罰」を謝罪しなければなりません。

しかし、当時は冗談で済んでいたのです。実際、この先生は、

「今日は、許してやるが、次からは便器をなめてもらうから」

と、言って高らかに笑いました。

それから後、わたしは便器をピカピカに磨くようになりました。なめるように命じられたときに、なめる箇所を想定して、そこだけは特別に力を入れて磨いたのです。

17 親が自分の背中で教えれば、子どもも自然に成長する

掃除の効用は目に見えています。たとえば倶利加羅不動寺の信者さんで、鬱病になった人が、掃除をしているうちに、心が晴ればれとしてきて、あっという間に全快したことがあります。この人の場合、汗と一緒に体の毒素が排出されたかのようでした。トラブルを抱えた本人が体を動かして、神仏に奉仕することが症状を改善するうえで効果的なのです。

二〇年も自宅に引きこもっていた信者の子どもがいて、親が寺に来て拝んでも、掃除してもいっこうに回復しないので、なんとかして本人を倶利加羅不動寺に連れてくるようにアドバイスしたこともあります。本人に主体性を持たせる必要があるからで

す。

当然、この信者さんは、引きこもりの子に対して寺へ行くように説得しなければなりませんが、それがなかなか難しい。言葉で説得するだけでは動きません。

こういう時は、親が自分の背中で教えなければなりません。子どもに対して、「先祖をおがめ」「寺へ行け」と言っても、それはなかなか難しいことです。自分自身が熱心に寺に通い、掃除をして、徳を得ている後ろ姿を見せる必要があるのです。それにより子どもも成長します。

コラム
瑞どうとく

3

先祖供養が縁を引き寄せる

縁にはさまざまなものがあります。友人との縁、結婚相手との縁、会社との縁、高い地位に就いている人であれば、そこへたどり着くまでの縁。縁とは目に見えない力で繋がれる不思議な人間関係のことです。

わたしにとって特筆すべき縁は、神様・仏様との縁です。そこへ導いてくれたのが倶利加羅不動寺の大僧正・森下永敏さんとの縁です。もしかしたら永敏さんのおかげで、自分の命があるのかも知れないとすら思います。

自分の人生を変えたいと思っている人は、そのためのノウハウを探そうとします。しかし、評論家が公言しているお金儲けや投資の話、あるいは道徳家が喋っている処世術はあてになりません。彼らがお金を儲けるために公言しているにすぎません。

縁を引き寄せるためには、それよりも先祖を供養してください。これがわたしのアドバイスです。

わたしの知人の中国人は三カ国語を流暢に話します。品もいい。そのひとに会社のトップになれますねと言ったところ、「縁が大事です」と切り返されました。大きな会社へ行けば、頭のいい人間はそこら中にいます。しかし、自分を引っ張りあげてくれるひとに出会えるとは限りません。いくら実力があっても、自分を支援してくれるひとがいなければ、運は開けません。かといって、ごますりはよくありません。逆効果です。自然に構築されるのが縁です。

良縁を手繰り寄せるためには墓参りをしてください。家に仏壇がある人は、仏壇に参ってください。お墓参りするときは、故人が好きだったものを持参してください。お祈りをして、一口でいいので、お供えしたものを食べてください。お墓で食事することを先祖は、すごく喜びます。先祖供養すると、運が上がるので楽しくなります。日常のルーティンのなかに、先祖供養を組み込んでください。

教え 4

子どもの仕事や結婚の適性を見極める。それが親としての務め

18

先祖の仕事が、子どもの職業選択の指針になることもある

親は子どもに対して、さまざまな期待をするものです。子どもに過剰な期待をするのは禁物だと分かっていても、子どもの将来について考えない親はいません。子育てを放棄しない限り、自分の子どもには、どのような適性があって、どのような職業がふさわしいのかを探ろうとするものです。

これから子どもの数が減っていくので、わが子にかける期待はますます大きくなっていくでしょう。昔はひと組の夫妻が持つ子どもの数は、二人か三人でした。ところが最近は一人っ子が増えています。当然、その子に過剰な期待をする傾向があります。しかし、子どもが親の期待どおりになるとは限りません。それが親子間のトラブルの

原因になることもあります。

たとえばお父さんが野球ずきで、将来、子どもをプロ野球の選手にしようと夢見て、幼児からバッティングセンターに通わせても、野球がうまくなるとは限りません。逆に中学生になったころから野球を始めて、あっという間に頭角を現し、野球の名門高校へ進み、さらにプロになるようなケースもあります。前者はもともと野球の適性がなく、後者は適性があるから、こうした結果になるのです。

と、すれば親は、わが子の適性を見極める方法を心得ていなくてはなりません。適性を特定するために、さまざまな事に挑戦させてみるのもひとつの方法ですが、それよりも先祖がどんな仕事をしていたのかを探って、方向性を見極めるための指標にするのもひとつの方法です。それはきわめて合理的な方法です。

先祖の職を知るためには、まず家系図を作成することです。家系図を作ることは、同時に先祖供養にもなります。

職業適性についての結論を先に言いますと、子どもから遡って二代前、つまり祖父・祖母の職業適性や気質が孫に遺伝する傾向があります。あるいは子どもから見て、伯父さんか伯母さんの適性を子どもが受け継ぐことが多いのです。もちろん後述するように例外はありますが、統計的に見ても、そういう傾向があります。

ちなみに親の適性を子どもがそのまま受け継ぐことはあまりありません。たとえ親子で同じ適性があって同じ職についても、子どもが親の業績を超えることはあまりないのです。

19

「結婚は家と家の結合」という認識がないと、失敗する

ある時、わたしはシンガーソングライターの嘉門タツオさんと対談しました。嘉門さんは、高校在学中に笑福亭鶴光師匠に弟子入りして以来、関西を中心に、テレビやラジオなどで幅広い芸能活動を展開してきました。

わたしは嘉門さんに、才能や適性は二代後の子孫に遺伝するという話をしました。

すると嘉門さんは、

「あ、そうだったのか」

と、納得したように頷かれました。

「実は、おれのおじいちゃんが歌手だったからな」

話は盛り上がり、話題はなぜ職業適性は二代後に現れるのかという話になりました。当然、法則性はあるのかという問いが浮上するわけですが、わたしもこれについては、正直なところよく分かりません。

ただ、確実に言えることは、われわれには知覚できないが、人間の運命はなんらかの力で左右されているということです。それはなにも、職業適性についてだけ言えることではありません。たとえば、結婚なども、そのひとつです。必ずしも希望する職業に就けるとは限らないのと同じで、婚姻の自由が法律で保障されているからといって、誰とでも結婚が成立するわけではないのです。

結婚というのは、一見すると個人と個人のつながりのように思われがちですが、実は家と家とのつながりなのです。それゆえに結婚には親の了解が必要です。

子どもが親に婚約者を紹介すると、親が血相を変えて、

「絶対に許さん」

と、感情を爆発させることがありますが、あれは先祖が言わせているのです。結婚によって家と家がつながるわけですから、結婚の話になると先祖も無関心ではいられ

ないわけです。

わたしがよく受ける相談のひとつに、いい結婚相手に恵まれないというものがあります。

「なかなか理想的な人に出会いません」

「彼氏がいるのに、結婚の話になると急によそよそしくなります」

「どうしても結婚にだけは踏み出せない」

こうした相談が寄せられます。

倶利加羅不動寺の信者さんの中には、容姿といい経歴といい申し分のない女性もいます。それにもかかわらず、なぜ結婚できないのか不思議な感じすらします。

たとえば信者の幸子（仮名）さんは、寺にもよく参拝して、信心深い人です。先祖の供養も怠りません。信仰心も強い。無料奉仕もよくしている清楚で、清潔感いっぱいの人です。

彼女の親もよく参拝しています。申し分のない家族です。わたしも彼女にふさわしいと思われる男性を何人も紹介してきましたが、どうしても結婚が成立しません。

原因として考えられるのは、結婚が家と家の結びつきであり、良縁ではないと判断されていることです。いくら希望しても就くことができない職業があるように、どんなに誠意を尽くしても、結婚できない人はいるのです。結婚が家と家の結びつきであるからです。家にも階層のようなものがあるのです。

あまりたとえはよくないかも知れませんが、あなたは、インドのカースト制度をご存じでしょうか。インド独特の社会的身分制度で、「ヴァルナ」「ジャーティ」に階級が大別されます。ヴァルナは、さらにバラモン、クシャトリヤ、ヴァイシャ、シュードラに分かれます。一方、ジャーティは、職業別に階層を細分化したものです。

目に見えない世界でも、家を単位としたカースト制度のようなものがあるのです。「魂レベル」といっても過言ではありません。あるいは、人生のステージとでもいいましょうか。

現世でも、目に見えない世界でも、人は自分と同じレベルの人と出会ってゆくのです。似たもの同士が集まるとはよく言われますが、レベルが自分よりも下の人とも、上の人とも出会わないわけです。自分と同じレベルの人としかつながらないようになっているのです。

しかし、徳を積むことでそのレベルは変わります。上がったり下がったりします。

一生懸命に手を合わせている幸子さんは、人格は非常に高いレベルにあります。それゆえに、相手に求めるレベルが非常に高いのです。

ところが幸子さんの両親は、寺には来るが信仰心が深いとまではいえません。家のレベルとしては、低い方に属しています。結婚は家と家の結びつきなので縁がつながらないのです。

幸子さんが求めるのは、自分と同じ高いレベルの人。つまり知的で仕事ができ、他人に対する気配りもできる男性です。そういう男性は信者さんの中に実際にいるので、わたしは何人かを紹介しましたが、うまくいきません。家の格が違っているからです。

物事には努力だけではどうにもならない領域があるからにほかなりません。職業適性や結婚の縁がその典型でしょう。だからといってより高い人格を形成する努力をしなければ、いつまでたっても、家の格は上がりません。職業選択の幅も狭くなります。

20

〝見えない世界〟が分かって見えてきた、二代目住職としての役割

子どもの結婚や職業適性について考えるときは、物事にはコントロールできない領域があることを自覚しておかなければなりません。それを前提に対策を採ることです。わが子の職業適性を見極めるために家系図を作るのが面倒であれば、自分の親の職業を指標にするのもひとつの方法です。親がどんな仕事をしていたのか、あるいはどういう生き方をしたか、さらにはどのような社会貢献をしたのかを検証してみるべきでしょう。

また、両親の兄弟姉妹についても、知っておく必要があります。こちらの経路からの才能の遺伝も案外多いからです。子どもに過剰な期待をするよりも、正しく職業適

性を見極めた上で、子どもにアドバイスすべきなのです。

自分の孫は、無条件にかわいいものです。わたしはその原因は、祖父と孫は魂でつながっているからだと思います。一般的には、孫に対しては責任がないからとか、難しいことはやらなくてもいいから、などと言われますが、それ以上に、目に見えないつながりがあるから愛らしいのでしょう。

とはいえ、子どもの将来を運命に委ねて、何もしなくてもいいということではありません。人間は努力して徳を積まなければ、家族の階級も人間のレベルも上がりません。

わたしの師匠である森下永敏大僧正はたった一代でこれだけの寺を建てられたわけですから、大変な修行を重ねられたのです。僧侶としての適性があったことに加えて、努力された結果にほかなりません。

わたしは倶利加羅不動寺の二代目の住職ですから、永敏さんのようなレベルに達することはできないでしょう。それは単に永敏さんのように厳しい修行を重ねていないからというだけではなく、二代目がそのように設計されているからです。それゆえに自然の理を受け入れなくてはならないのです。

わたしの役割は、三代目の住職が一代目の徳を受け継ぐことができる環境を整えることです。そのために、より開かれた寺院に改革しようとしているわけです。寺も時代に敏感にならなければ、そっぽを向かれます。進化をやめたものは滅びるのです。

わたしは、既に還暦になりましたから、これからは僧侶にふさわしい人材を探さなければなりません。永敏さんの業績を直接知らない人の中から適任者を探さなければなりません。

それが、二代目であるわたしの仕事なのです。ですから、適任者が現れたときには、それを見極めてバトンを託すことにしています。

子どもの職業の適性を見分ける際、見えない世界を司っているルールを一応、頭に入れておく必要があるのです。そのためにも、わたしは繰り返し強調します。

まず、家系図を作りなさい。

コラム
瑞どうとく

4

本当の親孝行のタイミング

岐阜県には養老の滝があります。一生懸命に働いていた貧家の息子が、ある時、山道からころげ落ち、目が覚めると水の音が聞こえました。音を辿っていくと大きな滝がありました。手で水を掬って飲むと、なんともおいしかった。これはお酒ではないか。これを持ち帰ればお父さんが喜ぶだろう。そう考えて息子はひょうたんの器にその水を汲みました。それを家へ持ち帰りました。

「こんなにおいしいお酒は飲んだことがない」

この話は親孝行の美談として知られています。

わたしは幼くして実の母と死別し、義父に育てられました。実の父とは、音信不通で何も知りません。孤児の身の上でした。しかし、佐世保市の施設に入って、お母さんと呼べる人に出会いました。

こうした境遇で育ったせいか、親孝行についてしばしば考えてきました。人間は五歳までにすべての親孝行を終わるという説があります。親にとって、子どもはそのころまでは可愛らしく感じます。それからだんだん生意気になる。自己主張がはじまる。そしていずれは親元を離れます。しかし、親から遠ざかっていく自分を見つめなおし、感謝の意を示す機会はかならずあるはずです。

それはたとえば会社に就職して、はじめて給料をもらった時です。初めての給料で両親を海外旅行に招待するとか、高級レストランに連れていくとか、目に見えるかたちで親に感謝の意を示すべきでしょう。

それにつぎ込む金額はそれぞれの人の経済的な事情によって異なりますが、大事なのは親が心から、ありがとうと言ってくれる恩返しをすることです。それが大人の親孝行です。ささやかなお礼であっても、真心がこもっていれば親は嬉しいものです。

教え

5

教育に大切なのは、愛情を注いでくれる大人の存在

21 よその子もわが子同様に見守る大人が、少なくなってしまった

教育における大人の役割について考えてみましょう。

子どもは他人の影響を受けながら成長していきます。最も子どもに影響を及ぼす存在は、改めて言うまでもなく両親ということになりますが、片親の子ども、あるいは両親がいない子どもでも大人のサポートがあれば、人並みに育ちます。そのことをわたしは自分の体験から知っています。

既に述べたように、わたしは幼くして母を亡くしました。実の父の顔を見たことはありません。こうした事情もあり佐世保の養護施設で育ちました。

しかし、わたしの身の回りには、実の親に負けず劣らず愛情を注いでくれる人々が

「教育に一番大切なのは愛情」と説く著者

いました。それは施設に入って生活していたからということもありますが、当時は社会全体に他人の子どもも、わが子のように育てる空気があったからです。それが当たり前でした。

昔、それぞれの地域には世話好きのおじさんやおばさんがいたものです。そして大人は自分の子どもだけではなく、他人の子どもも叱っていました。また、子どもの身の上に何かがあったときには助けてくれました。よその子どもも、わが子と同様に見守ってくれる。それが社会通念となっていたのです。ところが今はそうした大人が少なくなっています。

わたしは倶利加羅不動寺に遊びに来る子どもに対しても、自分の子どもと同じように接します。何かいたずらをしている子どもを見つけると、

「おい」

と、呼び止めます。すると子どもはびっくりします。しかし、何度か注意したり、話しかけたりしているうちに親近感を覚えるのか、子どもは心を開いてきます。そして、素直に言うことをきくようになるのです。寺に遊びに来る子どもとわたしの間には血縁関係はありませんが、わたしは子どもの成長を支援する役割を果たしていることになります。

22 この人の前で悪いことはできない。そんな養護施設の姉さん

わたしは幼時から養護施設で育ったことや、義父の世話になったことなどもあいまって、大人が他人の子どもともかかわりをもつ重要性を痛感してきました。還暦を過ぎた今になって幼い時をふり返ってみると、知らず知らずの間に、自分の周りの大人から大きな影響を受けていたと感じます。

とりわけ養護施設の職員からは、多くを学びました。

われわれ少年は、施設の女性職員を、「○○姉さん」、あるいは「○○おばさん」と呼んでいました。卒業まぎわの時期、わたしの部屋（一〇人部屋）の担当職員は、まるまると太った女性でした。

温厚な人で、叱られたことも、褒められたこともありません。今思うと、境遇が恵まれないわれわれを温かく見守っていてくれたのです。影のような存在で、しかも、決して視界から離れない人でした。

施設を卒業する前に、友達と写真を撮ったのですが、その時には、この姉さんにも入ってもらいました。この写真が施設で撮影した最後のものになりました。

この姉さんをめぐる事件はなにひとつありませんでしたが、その後もわたしの心の中に笑い顔や優しい声が印象深く残り、当時を回想するとわたし自身も穏やかな気持ちになります。この人の前では、悪いことはできなかった。悪いことをしても、見逃してくれるが、それだけに却って後ろめたい思いをしたのです。常に見守ってくれているような存在でした。

23 「頑張れば田中角栄さんのようになれますよ」。わたしを動かした言葉

今にしてふり返ってみると施設の職員はだれもが、われわれ恵まれない少年の心情をよく理解してくれていました。なんとかして親の代わりを務めようとしていたようです。

実の親に代わって大事なことを教えてくれた職員もいます。たとえば施設では、よく全体集会があったのですが、その時に金銭の価値について教えてくれた職員がいました。

「この世で最も美しいものはお金で、最も醜いものもまたお金です」

と、教えてくれたのです。お金は使い方によって、どうにでも価値が変わるという

考えです。この言葉は今も心に残っています。

お金は、恵でもあり幸でもあります。子どものころは、お金といえば金塊のイメージがありましたが、この職員の影響なのか、それともその後、わたしが修行を積んだためなのか、今では金といえば社会貢献のイメージがあります。

わたしが小学校の時、一九七〇年代のことですが、田中角栄さんが総理大臣になり人気を博しました。中国との国交を回復するなど、政治家としても素晴らしい活躍を見せました。

ある時、職員の一人が、

「あなた達は中学校までしか勉強できないけれど、頑張れば田中角栄さんのようになれますよ」

と、言いました。

この言葉を口にした職員は、施設の中では、一番厳しい人でした。四〇歳から五〇歳ぐらいの年齢の人で、がっちりした体格をしていました。われわれは、この先生に「ゴンパチ」というあだ名を付けていました。本当に厳しい人で、時には体罰を加えるようなこともありましたが、だれも嫌っている生徒はいませんでした。気持ちが通じあっていたからです。

施設の規則を無視して、テレビ映画を見せてくれた職員もいました。施設の消灯時間は、午後九時でした。当時、九時から映画を放送するテレビチャンネルがありました。

九時という時間帯ですから、少年少女にはふさわしくない映画もあります。しかし、この先生は、子どもに見せても問題ない映画だと判断すると、消灯時間九時の規則を破ってでも、わたしたちに映画を見せてくれました。

また、こんなこともありました。施設の建て替えがあった時のことです。新しい施設が完成したので、われわれは引っ越しをしたのですが、空き家になった旧舎が荒らされる懸念がありました。そこで不法侵入者の立ち入りを防ぐための工事が終わるまで、中学三年生が旧舎に宿泊することになったのです。わたしもその一人でした。

その夜、ひとりの先生が一緒に泊まってくれました。普段は恐ろしい先生ですが、この日はやさしかったです。ストーブを囲んで、お茶を飲み、お菓子を食べながら話にふけったのです。そのことが今でも心に残っています。卒業前のいい思い出になりました。

この時、この先生は本当はやさしい人なんだと感じました。それが今も心の中に残っていて、消えません。こうした思い出を大人は、子どもに残してあげてほしい。それは心を豊かにするための大切な教育的試みなのです。

中学校の卒業が近づくと、施設の先生たちは進路について、いろいろとアドバイスしてくれました。そのアドバイスで、わたしは愛知県津島市の定時制高校へ進んだのです。

こんなふうに養護施設の職員は、まったく実の親と変わらない態度で、われわれ少年に接してくれていたのです。わたしほどたくさんの大人から、影響を受けながら育った者はいないのではないかと思うほどです。

24 実の母同様、子どもの心に印象を刻む大人になることができるか

しかし、それにもかかわらず母のことを思うことはよくありました。これが血のつながりなのかも知れません。施設の灯りが消えて、寝床の中で、夜の闇に包まれると、母の声が聞こえてくるような気がしました。

わたしの記憶に残っている母の姿は、結核病棟のベッドの上に仰向けになっている母ですが、表情は漠然としたイメージしかありません。結核の人にありがちな白い顔。優しいまなざしで、病室の出入り口に立っているわたしを見つめている母のイメージがあります。

わたしは心の中で、施設を出たら、母を探しに行くのだと思いました。母は既に他

界していましたが、まだ、どこかで細々と生きているような気がしたのです。

こうした回想にたびたび見舞われるのは、対馬を離れたわたしを、母があの世から呼んでいる証しだったのかも知れません。それほど血縁というものは、特別なものがあるのかも知れません。

このところ親による子どもの虐待が問題になっていますが、わたしは被害を受けた幼児らが、自分の親を恨んで死んでいったとは思いません。子どもというものは、たとえ虐待されても、自分の親が好きなものなのです。これは魂のつながりがあるからなのです。親がどのような人間であろうと、子どもは親から強い影響を受けるものなのです。

テレビ番組の制作に携わるようになって、生活に余裕ができた後、わたしは母の遺骨を引き取るために、郷里の寺を訪れました。ところが母の遺骨は、納骨堂に共同埋葬されていて、判別することができませんでした。

この時のわたしの落胆は大変なものでしたが、後に師匠から、遺骨がなくても墓標を立てて、戒名を刻めば、母の魂は墓に宿ると教えられ、心の平安を取り戻しました。

このように実の親が子どもにあたえる影響は、たとえ共に生きた時間が短くても決定的なものがあるのです。

ちなみに、わたしは倶利加羅不動寺にかかわりを持つようになった後、母の墓を境内の小山の山腹に建立しました。

子育ての大前提として、親自身が子どもに模範を示すことができる人間になる必要があるのです。子育ての資質がある親になるとは、人としての模範を示せることなのです。

それは何も難しいことではありません。深い愛情さえあれば、わたしが育った養護施設の静かな「姉さん」タイプの接し方でもかまいません。時には体罰を加えた職員タイプの接し方であってもかまいません。極論を言えば、わたしの実の母のように、イメージしかない親であってもかまいません。

とにかく子どもの心に印象を刻む大人になることが大事なのです。それは同時に、地域社会の中の大人に対しても、求められることなのです。

25

忘れられない、大きな影響を受けた血縁のない義父との絆

わたしは、義父《ちち》からも大きな影響を受けました。わたしと義父との間に血縁関係はありませんが、義父はわたしの記憶から欠くことができない人です。幼児に対する虐待事件が起きると容疑者と被害者の血縁が話題になり、血縁関係がないケースが多々ありますが、義父がわたしに対して悪意を持って虐待するようなことはありませんでした。

ただ、激しい気性の人だったので、体罰を受けることはよくありました。今にして思えば、血縁のないわたしをよく育ててくれたものだと思います。最終的には佐世保の施設に入れられたとはいえ、それは貧困が原因で義父には責任がありません。

義父は他人には公言できない過去を背負った人でした。元関東軍の将校だったのです。

そのことをわたしが知ったのは、施設に入ってのち、初めて対馬へ帰省した時のことです。わたしが高校二年生の時でした。

対馬へ帰省した動機は失恋でした。何とも虚しい気持ちになり、気晴らしにフェリーに乗って島へ帰ったのです。

義父はわたしの顔を見ると、

「よく来てくれた」

と、言いました。本当に嬉しそうでした。義父も孤独だったのかも知れません。

「いつまで滞在する？」

「二週間か三週間」

「ゆっくり休んでいけ。よく来てくれた」

義父の風貌は、生活苦のためかけわしくなっていましたが、昔の面影はありました。

わたしはしばらく義父のところへ滞在しました。

その滞在中に、義父から思いがけず戦争の話を聞かされたのです。

その時、わたしは義父が関東軍の将校大佐であったことを初めて知ったのです。大戦中にヨーロッパの同盟国へ派遣されたり、中国では諜報活動を展開したりしたといいます。軍人であると同時に兵器関係の技師でもありました。

実家は大阪だったが、戦後、戦犯容疑がかかっている恐れがあったので、逃げるように対馬へ移り住んだのでした。身の危険を感じていたのでしょう。

過去の戦争犯罪から逃れるために、鬼籍に入ったことにしたり、名前を変えたり、各地を転々とする元軍人は決して少なくはありませんでした。義父もそうした宿命を背負った一人でした。

元軍人ですから、気性が荒いのは当然です。戦場を去ったからといって、体に染みついた暴力性が抜けるわけではありません。ですから言葉より先に鉄拳が飛んできたわけです。軍人の習性で本人は悪気はないのです。暴力性と優しさを同時に持っていたのです。

26

その味がいまでも忘れられない、義父が作ってくれた弁当

小学校の一年生から二年生にかけての時期のことです。当時、津島の小学校では、学校給食の制度がありませんでした。そこで一年生から六年生まで、弁当を持って登校していたのですが、昼の時間になると、自宅に昼食を食べに帰る生徒もいました。昼食が終わると、また学校へ戻るのです。

わたしもそうした生徒の一人でした。しかし、わたしは本当に家へ昼食を食べるために帰っていたのではありません。家が貧乏で、家に帰っても、食べる物はなにもなかったのです。

かといって弁当がないことを友達に知られるのは嫌でした。そこで学校の近くを流

れる小さな川の土手に仰向けになって、昼休みの時間帯が過ぎるのを待っていたのです。長くも短くも感じる「昼休み」でした。

晴れの日は、空を流れる雲を眺めて空想に耽ったりしましたが、雨の日は、雨宿りする所を探して、長い時が過ぎるのを待っていたのです。

二年の時、そんな自分の惨めさに耐え切れなくなって、担任の女の先生に自分には弁当もなければ、自宅で昼食も食べられないことを打ち明けました。この先生は、米屋の娘でした。わたしの話を聞いて、一度だけわたしのために弁当を作って持参してくれたことがありました。

この出来事が義父の耳に入ったのか、義父もたった一度ですが、弁当を作ってくれたことがありました。当時は、アルミ制の四角いおかず箱があったのですが、義父の作ってくれた弁当は、おかず箱に生卵を入れて加熱して固めた卵焼きと、飯だけのものでした。

しかし、その弁当の味は今でも忘れられません。義父が弁当を持たせてくれなかったことで、義父を恨んだことは一度もありません。

義父の唯一の楽しみは、映画でした。義父は時々、町の映画館へ足を運んでいました。家に残されたわたしは寂しくなって、義父の行った映画館に電話をかけて義父を呼び出してもらったことがあります。当時は、自動電話ではなく、交換士が電話をつないでいたので、随分面倒でしたが、どうしても義父の声を聞きたかったのです。

「お義父《とう》ちゃんを呼んでください」

「どちら様ですか」

しばらくやり取りをしたあと、義父が電話に出ました。

その夜、わたしは義父からこっぴどく叱られましたが、義父の声を聞いて安堵したのを覚えています。

また、こんなこともありました。ある時、義父はわたしを出張に連れ出しました。どんな用事でどこへ行ったのかは忘れましたが、われわれは訪問先でサツマイモをもらいました。

その帰り道、義父とわたしは道端で落葉を拾ってきて、たき火でサツマイモを焼いて食べました。枯れ葉の燃える匂いも記憶しています。おいしくはありませんでしたが、義父と二人だけで食べた思い出があります。義父は芋を食べながら、軍歌を歌いました。

ここはお国を何百里《なんびゃくり》
離れて遠き満洲《まんしゅう》の
赤い夕日に照らされて
友は野末《のずえ》の石の下

思えばかなし昨日《きのう》まで
真先《まっさき》かけて突進し
敵を散々《さんざん》懲《こ》らしたる
勇士はここに眠れるか

と、歌いました。この歌を覚えているのです。

恐い義父でしたが、同時にやさしい義父でした。暴力的だったのは、繰り返しになりますが、義父が典型的な元軍人だったからです。義父が暴力的であったゆえんも理解できました。血のつながりがなくても、わたしのことを気にかけてくれていたのです。

帰省の期間が終わって、対馬を離れる時には、

「これを持っていけや」

と、言って一万円札数枚をわたしに押し付けてきました。

「そんなことをしてもらわなくてもいいよ」

「いや持っていけ」

餞別を押し付けてくる義父の圧力がかつてよりも弱くなっているのをわたしは感じました。目が潤んでいました。

わたしは、

「さよなら」

と、言ってからフェリーに乗り込みました。義父は岸壁に立って、いつまでもわたしを見送っていました。

船は艀《はしけ》を離れ、向きを変えると外海へと航行を始めました。わたしは徐々に遠ざかっていく義父へ手を振り続けました。これが義父を見た最後でした。

27 人間は縁でつながれている。だから、母とも義父とも、その絆はゆるぎない

話は前後しますが、母はわたしが施設に入っている時代に亡くなりました。義父が母の死を知らせてくれたのはずっと後のことでした。わたしに配慮したのでしょう。母の死を知った時期の記憶は空白になっています。

おそらく大変な衝撃を受けて、記憶が消えてしまったのではないかと思います。次の記憶は施設で貧しい境遇におかれている自分の姿です。

わたしには、家族の中に父がいて、母がいたという記憶はありません。義父とは血縁はありませんでしたが、本当の父のように感じていました。昔は、母親が父親を尊敬して、それが子どもにも伝わって家庭の和があったのですが、わたしにはそうした

体験がありません。

しかし、人間は縁でつながれているわけですから、母との絆も義父との絆もゆるぎがないのでしょう。目に見えない世界では、つながっているのです。ですからわたしは、ほとんど接触のなかった母からも、強い影響を受けているのです。

わたしも倶利加羅不動寺の住職として、地域の子どもたちの父親的な存在になるように心がけています。それは大人の役割として、欠くことができません。子どもは大人から強い影響を受けるものなのです。親はそのことを認識しておくべきでしょう。

コラム
瑞どうとく

5

他人に奉仕すること

誰かのために行動する。この姿勢がなくなると社会の秩序が乱れます。国会議員や国家公務員は国民のために働きます。中には怠けているひともいますが、基本的には国民に奉仕するためにこうした職は存在しています。しかし、他人に対する奉仕・善意という観点からすると、それは特定の人だけではなく、心がけにより誰にでも出来る行為です。

たとえばサッカーの日本人サポーターは試合後に必ず客席のゴミを拾います。自分のためにではなく、次に試合を観戦・応援する人のためにやるのです。トイレ掃除についても同じことが言えます。わたしの寺の信者さんも、他の信者さんのことを考えてトイレを掃除します。

先日バリ島へ行った時のことです。そこにはたくさんの中国人観光客がいました。朝食のバイキングで、わたしが料理を取っている時、いきなりひとりの中国人が列に割り込んできました。そのために彼が障壁のようになって、料理が取れなくなりました。次に並んでいるひとのことを気遣う心があれば、こうした割り込み行為は出来ないはずです。

その日の夜中に中国人たちが大騒ぎをはじめました。隣の部屋ではありません。結構離れていましたが、音が大きいのでよく響きました。翌日、ホテルの人に中国人旅行者について聞いてみると、マナーが悪いと言われました。日本人も昔は海外旅行のマナーを知りませんでしたから、偉そうなことはいえませんが、旅行者のマナーが悪いと、国民性そのものが劣っていると誤解されかねません。

わたしは、国が率先してマナーを教えるべきだと思います。それは決して難しいことではありません。だれかのために行動するという精神を育めばそれでいいのです。人間はたった一言で、いやされたり、逆に傷ついたりするものです。それゆえに他人を思いやる人間を育てる必要があるのです。

教え 6

寺を、教育の場、コミュニティーとして開かれたものに……

28

地域に門が閉ざされた寺では、霊気が希薄なのは当たり前

江戸時代は、寺子屋と呼ばれる学習塾を寺が開き、そこで勉強を教えることがありました。檀家の子どもが僧侶から読み書きやソロバンを習っていたのです。悩み事があると、僧侶が今でいうところのカウンセラーの役割を果たしました。地域と寺の垣根は限りなく低かったのです。寺は地域に開かれていたのです。子育ても寺を抜きにしてはありえませんでした。

わたしが子どものころは、寺が遊び場のひとつでした。寺でメンコをしたり、ビー玉をして遊んだことを覚えています。隠れん坊もしました。墓石が格好の隠れ場所になるのです。いたずらをすると、住職から、

「こら、クソガキが」

と、怒鳴られました。

寺院や神社は、日本人にとってのコミュニティーであり、子どもにとっては大事な遊び場でした。

倶利加羅不動寺は、夜間を除いて常に門を開き、だれでも本堂に参拝できるようになっています。そのために様々な階層の人々が自由に出入りしています。既に述べたように、出家を希望している中学生もやって来ます。

わたしは地域社会の中の寺という発想から、地域に門を開く方針を採っているのですが、門を閉じている寺も少なくありません。神社は門戸を開放していますが、多くの寺院は門戸を閉ざしています。

当然、門を閉じた寺には、ほとんど参拝に来る人はいません。人が出入りしない寺院では霊気が希薄であることは言うまでもありません。

残念ながら、誰でも自由に境内に出入りできるのは、いわゆる「観光寺」だけです。それ以外は、門を閉ざしています。

ちなみにチベットでは、寺はコミュニティーと一体化しています。チベットの場合は、寺そのものが町であり、村です。総じて、寺の規模が大きいので、両者の境界がなくなるのです。

わたしが修行で訪れたことがある中国・四川省の山奥にあるラブリン寺などは、山の上から見ると、寺が街のように見えます。境界なく茶色っぽい建物がそこかしこに建っています。寺が生活の場であり、子どもたちに民族文化を教える場なのです。

チベット人にとって、信仰は特別なものではなく、日常生活そのものなのです。ある時、わたしは地元の人に、

「チベット人にとって信仰とはなんですか」

と、尋ねたことがあります。答えはすぐに返ってきました。

「日常生活の一部です」

「食事をするような感覚ですか」

「特別なことではありません。お寺へ行くのもごく普通のことです」

チベットでは寺がコミュニティーそのものになっているのです。

チベットの寺を訪れた際の著者。寺がコミュニティーと一体化している姿を目の当たりにした

29 オウム真理教事件や僧侶の醜聞が原因で、寺離れが加速している

なぜ、日本の寺は門を閉ざすようになったのでしょうか。チベット並みとまではいかないまでも、かつて寺院は、門を開き、地域社会の中心として機能していたのですが。

わたしはその原因はオウム真理教の事件で、宗教に対する偏見が急激に広がったことだと考えています。マスコミが間違った宗教観を伝え続けた結果、寺院と地域社会に壁ができてしまったというのが真相ではないかと考えています。

事件当時、わたしもマスコミの人間だったので、宗教が実生活から乖離してしまうメカニズムはよく分かります。「宗教団体＝カルト」のイメージが広がると、寺院の

著者が住職を務める倶利加羅不動寺では、熱心な信者さんのお参りが絶えない

側も危害を加えられることを警戒します。その結果、地域に対して閉鎖的になったのです。

オウムは宗教ではありませんでした。単なるテロ集団です。当然、それはそれで批判されてしかるべきなのですが、マスコミ報道を受け止める一般庶民の側は、「宗教＝悪」といった単純な捉え方をしがちになります。

これでは人々の意識も影

響を受け、宗教哲学を学ぼうという層も減ってしまいます。まして寺を教育の場にするという考えなどは受け入れられません。寺院の衰退が始まっても不思議はありません。

寺院の側がなにか対策を採っていればよかったのですが、それとは裏腹に資質が疑われる僧侶がどんどん増えていきました。

右を向けば南無阿弥陀仏を唱え、左を向けば、高級車フェラーリを乗り回している僧侶も実際にいるわけです。こうした状況は信者としては、ありがたくはないでしょう。不信感が芽生えます。寺の内紛も後を絶ちません。兄弟で次期の住職の座を争ったというような話もあります。

その結果、マスコミも寺院に対するバッシングに拍車をかけ、ますます寺離れが急激に進んだのです。

30 宗教離れは世界的傾向。御利益がなければ、人は集まってこない

ただ、宗教ばなれが世界的な流れになっている事実も、寺院が衰退してきた原因として無視することはできません。生活の中からも、教育活動の中からも、宗教色が希薄になる傾向が生まれているのです。

たとえばヨーロッパ諸国では、キリスト教が主流ですが、いま深刻な教会離れが起きています。信仰心の希薄な人々が増え続けているのです。

最近、白人のある女性が倶利加羅不動寺を訪れたので、わたしは、

「宗教の役割は終わっていると思いませんか」

と、尋ねてみました。

「そうですね」

「寺院へ行っても意味がないのではないですか」

と、たたみ掛けると、

「まったくそのとおりです」

と、いう答えが返ってきました。

「わたしはポーランド人なのですが、今は教会へ行かなくなっています。理由は、宗教では癒されないからです。宗教のおかげで平和になったとはとても言えません。実際は、その逆です。ヨーロッパでは宗教が原因で暴力が多発しています」

こうした状況の下でも、幸いに倶利加羅不動寺には、たくさんの信者さんが集まってきます。

特に第三日曜日に開く先祖供養祭と水子の供養には、全国から信者さんが寺を訪れます。それ以外の龍神祭とか、御本尊の不動祭、さらには稲荷祭などと比べ、先祖供養祭に来る人の数が飛び抜けて多いのが実態です。これは永敏師匠とわたしが先祖供養の大切さを一所懸命説いてきた成果にほかなりません。

地域に開かれた寺をめざす倶利加羅不動寺。先祖供養祭や水子供養の際には、いつもにも増して全国から信者さんが集まってくる

先祖供養によりなんらかの御利益を受けなければ人は集まりません。先祖供養したら、御利益があったとなれば人は自然に集まってきます。その結果、地域に開かれた寺になるのです。

31

霊魂が集まりやすい病院。そのことを知っている医師も少なくない

ただ、わたしは信者さん以外の人にはあまり宗教の話はしません。まず、寺に来ていただくことが大事だからです。寺の境内が子どもの遊び場になり、同時に人間教育の場になれば、それでいいのです。

子どもたちが大人になった時、倶利加羅不動寺で遊んだことを思い出してくれればそれでいいわけです。寺を教育の格好の場と考えているわたしにとって、まず、地域に開かれた寺にすることが先決なのです。

実際、わたしは、自分がレギュラーとして出演しているラジオ番組では、あまり宗教の話はしません。それよりも寺の敷居を下げ、地域社会にとけ込む努力をしてきま

した。チベットにみるような寺院と地域の関係をめざしたのです。

寺と地域社会との垣根を取り払うためにわたしは、たとえば「滝修行」の受け入れ方法も変えました。だれでも手軽に「滝修行」の体験ができるように、「滝修行」という言葉を改めて、「滝行体験」としたのです。

そしてウェブサイトで「滝行体験」を呼びかけると、全国から人々が倶利加羅不動寺を訪れるようになりました。訪問者の中には、科学者や医療関係者も少なからずおられます。

先日も倶利加羅不動寺に、ある有名な外科医が滝修行にこられました。体格もよくさっそうとした姿だったので、わたしは興味を惹かれ、「滝行体験」が終わったあと、

「どんなお仕事をされていますか」

と、尋ねてみました。

「○○大学病院で外科医をしております」

滝修行を決めた事情をたずねたところ、患者さんの治療法をめぐって、上司と意見が対立して、トラブルになったのだといいます。取っ組み合いになりかけた、と。

しかし、この医者は怒りの矛先を収めて、上司に謝罪したそうです。すると上司が、

「ゆるしてやるから、全国の三か所で滝修行をしてきなさい」

と、言いました。

外科医が選んだ滝の場所は、東京、静岡、名古屋でした。名古屋の滝とは倶利加羅不動寺の滝です。

「ここの滝は素晴らしかった。寺の敷地に入ったとたんに、空気の肌触りが違った」

そんな感想を口にされました。

読者は意外に思われるかも知れませんが、実は病院は霊が多い場所なのです。患者さんが死をむかえる場所ですから、病院には霊が飛び交っているのです。そのためなのか、倶利加羅不動寺を訪れる病院関係者は少なくありません。

こうした人々からわたしは、興味深い話も聞きました。たとえば病院の外来診察室に神棚を作っているとか、病室のひとつをつぶして、そこに神仏を祭っている病院もあることを知りました。医学は科学の分野ですが、医師のすべてが科学だけを過信しているわけではないのです。

だれでも手軽に行える倶利加羅不動寺の「滝行体験」。さまざまな思いを胸に、全国から体験希望者が集う

また、数年前にはこんなこともありました。名古屋を寒波が襲った日の夜に、五人の若い男女が「滝修行」を希望されて寺におみえになりました。後に知ったことですが、全員が医学生でした。月の照る夜でしたが、わたしは懐中電灯で足下を照らしながら、本堂の裏にある滝に五人を案内しました。滝の音が近づいてきました。

滝に打たれた後、わたしは五人を本堂に案内しました。火鉢で暖を取ってもらい、温かいお茶をすすめました。どの顔にも満足げな笑みがありました。

事情を聞いてみると、自分たちの先輩が社会人として病院に就職されたので、先輩の活躍を祈願するために、滝に打たれたことが分かりました。他人のために冷たい水に我が身をさらす精神にわたしは感心しました。こういう若者がいる限り、日本もまだ捨てたものではないと思いました。わたしは若者たちの、こうした意外な側面に驚いたのです。

寺院には知的な人々を惹きつける力もあるのです。当然、そこには知的なものが宿っています。

実際、倶利加羅不動寺にやってくる子どもには、成績が優れた子が多いです。生活に規律ができてくると、学校の成績も伸びるのです。出家を希望してきた中学生に至っては、スポーツも勉強も万能です。これはひとつには先祖供養の成果にほかなりません。

32
「地域の中の寺」という認識を持てば、寺は大切な教育の場になる

このように工夫しだいで寺は地域に開かれた場になるのです。貴重な子育ての舞台にもなるのです。それを利用しなくては損です。

寺院における教育の役割は、まず第一に人としての道を教えることです。子どもは遊びの中でコミュニケーションや人間関係を身に付け、この世の中で社会の一員として生きるとはどういうことかを学びます。それが学校での成績を伸ばす道でもあるのです。

どんなに小さな寺でも、門を開けておくと、参拝できます。そうすると新たな出会いが生まれます。多くの寺院は門を閉ざして出会いを拒否しているから、参拝しても、

ほとんど御利益はありません。

　これに対して倶利加羅不動寺は、子どもの遊び場所としても境内を開放しています。地域社会との垣根がありません。寺に来る子どもに、心地よさを味わってもらうために、いつも門を開いて準備しています。

　人間関係が広がってくると、お母さんやお父さんから、住職であるわたしに対しても、必ず子どもの話がでます。当然、それを受けて、わたしや永敏さんが適切なアドバイスするようになります。

　地域の中の寺、コミュニティーの一部としての寺という位置付けがなによりも大事です。そういう認識を持てば、寺院が大切な教育の場となるのです。

コラム
瑞どうとく

6

先祖が喜ぶ近況報告

絆の大切さを認識していない人はおそらくいないでしょう。もともと絆という言葉は、動物をつないでおく綱の意味がありました。当然切れやすい。家族の絆といえば永久で、なんとなく切れにくいように思われますが、これも実は切れやすいものなのです。昔は夫婦がいて、子どもがいて、おじいちゃん、おばあちゃんがいて相互依存関係になっていました。しかし、核家族化が進行するにつれて、絆も切れやすくなりました。

東日本大震災の時に、絆と言う言葉がやたらと流行しました。しかし、「あなたとわたしは深い絆で繋がれている」と口に出してみても、それが真実かどうかは分かりません。絆を深める最も簡単な方法は、表向きに絆を口にするよりも、先祖を供養することです。特に家族の絆についてはそれが効果的です。

他界したおじいさんやおばあさんを思い出してお墓に手を合わせることです。お盆をきっかけに家族でお墓参りに行くことをお勧めします。お墓は石でありますが、先祖の姿でもあります。お墓は何も喋ってくれません。しかし、その空間には時を超えて先祖の思いがあふれているのです。

お墓参りの際に一番大事なのは近況の報告です。「おじいちゃん、おばあちゃん、こんなに大きくなったよ」とか、「志望校に合格したよ」とか、「今度こんな会社に就職することになったよ」とか、墓石に話しかけ、持参してきたお供え物を一緒に食べることです。お供え物はひと口でいいので食べることが大事です。何も坊さんを呼ぶ必要はありません。僧侶でなくても供養の的をはずさなければ、先祖に気持ちは通じるものです。

先祖を供養していると、絆を意識しなくても、家族の結束が深まっていくものです。運や縁も開けます。実用面からの損得計算をしても、先祖供養は特効薬にほかなりません。

教え 7

魂の記憶を共有する水子さんと子どもの教育

33 水子は供養さえすれば、すぐに生まれ変わることができる

水子とはこの世に生まれてくる前に生命を絶たれた子どものことです。その原因は、中絶、流産、死産などです。法律では「おぎゃー」と泣いて生まれた瞬間から人権を有した人間と見なされますが、仮にお母さんの子宮に生命が宿った時から、胎児をひとりの人間と見なすとすれば、水子さんも人間としての生命を奪われたことになります。

それゆえにわれわれが先祖を供養するように、水子さんも供養する必要があります。ちなみに胎内記憶を呼び覚ますことができる人であれば、だれでも幼児のころのことを漠然と思い出すように、お母さんのお腹にいた時のことも覚えています。流されそ

うになった記憶を宿している人もいるかも知れません、もっと厳密に言えば、お腹に宿る前の記憶、つまり魂の記憶を有している人もいるのです。魂の呟きの記憶です。

「お母さんを幸せにするために、僕はやってきたんだよ」

「世の中のために働きたいから生まれてきた」

「人のために役立ちたい」

実母の体に宿りたくて宿った子どもですから、母親の愛情は深く、子どもがすこやかに育つことを願っています。ところがいくら愛情を注いでいても、流産や中絶で生まれる前に命を絶たれることがままあります。ですから当然、水子さんになった子どもに対しては、人間と同様に供養しなければなりません。それが人の道なのです。

水子の霊は、長生きして他界した人の霊よりも、この世に対する執着が強い傾向があります。普通の人は他界すると、この世に生まれ変わるまでに長い時間を要しますが、水子の場合は早いのが特徴です。

長い時間をかけて、この世の入口までたどり着いたが、そこで流産や中絶により命を落としたので、無念さを感じています。

しかし、水子さんは供養さえすれば、すぐに生まれ変わることができるのです。ところがこの原理を大半の人が知らないので、供養してもらえない水子さんが増えています。大半は、ものとして扱われているのです。

人間の一方的な都合で、この世に生まれなかったわけですから、水子さんの死は幼児の死と同様に重大な出来事なのです。

34 身体に対する執着、この世に対する執着。水子も同じに持っている

人間はふたつの執着を持っています。それは水子さんの場合も同じです。まず、自分の肉体に対する執着です。身体は生前に魂が宿っていたところですから、身体に対する強い執着があるのです。それゆえに遺体を火葬したあと、骨を野山や海に散骨するのは死者に対する大罪にほかなりません。墓に入れて、必ず戒名を刻む必要があります。

たとえば骨を海に散骨してしまうと、遺族がひどい冷え性になることもあります。前述のように、実際、真夏にコートを着て、相談のために倶利加羅不動寺を訪れた女性の例もあります。永敏さん（大僧正／当時・住職）が霊視して、その原因が分かり、

お墓を建てて、戒名を刻んで解決しました。

もうひとつの執着はこの世に対する執着です。仏があの世へ持って行くのは、現世で楽しかった記憶だけなのです。辛い記憶は持っていきません。それゆえに、死者は楽しいこの世へ生まれ変わることを望むのです。

この世にもう一度生まれたいという思いは、水子さんも同じです。ところが生まれ変わるためには、供養が不可欠になります。魂が宿るところがあり、供養されて初めてこの世に戻ることができるのです。

われわれは水子さんに関してこの点を忘れているようです。


水子さんがこの世に対していかに強い執着を持っているかを示すエピソードを紹介しましょう。このエピソードは、倶利加羅不動寺の森下永敏さんが『水子のお葬式』という本に詳しく書かれていますが、改めてその内容に言及しておきましょう。

それは永敏さんが、二〇〇九年に青森県の恐山へ水子供養の参拝に行かれた時のことです。ここは日本でも有名な霊場で、険しい山中に寺が点在しています。

永敏さんが恐山に足を踏み入れると、たくさんの水子さんの霊が永敏さんの周りに集まってきました。そして、この世の人々に対する「苦情」を次々と申し立てたのです。

自分には戒名がないとか、葬式もしてもらえなかったとか、親がどこかへ行ってしまったとか、われわれ現世の人間が不満を訴えるのと同じように、水子さんたちが永敏さんに次々と苦情を訴えたのです。

永敏さんは、ひとりひとり水子さんの供養を始めましたが、何しろ水子さんの数が尋常ではありません。チベットなどで超人的な修行を積まれたとはいえ、永敏さんにも肉体の限界があり、全員の供養をしてあげることはできませんでした。

ちなみに供養は、水子さん全部をひとまとめにして行えばいいのではないかと考える人もいるかも知れませんが、この考えは間違っています。一人ひとり供養する必要があります。しかも、供養には、「的」があり、「的」を外すと供養にはなりません。戒名を付けることもそのひとつです。したがって水子さんをまとめて供養するわけにはいかないのです。

永敏さんは複雑な気持ちで、恐山を後にされました。空港に到着して、機内に入ってまもなく、永敏さんの視界に、飛行機に乗り込んでくる五〇名ほどの幼児の姿が飛び込んできました。みんなにこやかな表情をしています。恐山で永敏さんが供養をした水子さんたちでした。が、次の瞬間には子どもたちの姿は消えていました。子どもたちは水子さんたちの霊だったのです。

永敏さんはふと機の窓から外を見ました。すると今度はそこに幼児たちの姿がありました。その人数は三〇名ほど。かわいらしい顔の幼児たちですが、どこか悲しげな表情をしています。この子どもたちは、永敏さんが供養できなかった幼児たちでした。

この一件が、その後も永敏さんを悩ませ、倶利加羅不動寺で水子さんの葬式を営むようになったのです。

35

存在すら否定された子。その水子さんを供養する意味

最も不幸な水子さんは、結婚前に流されてしまった水子さんです。お母さんが結婚した後、水子さんはだれからも顧みられることがありません。お母さんの家族の墓に入ることもできません。孤児のような存在になってしまうのです。

われわれの社会には結婚する前にできた子どもをタブー視する傾向があります。だれも語らない。ダンナとは違う男性の子どもであるからです。しかし、その子は、この世に産んでもらえなかったわけですから、供養してあげなければなりません。本当は生まれたかったが、その存在すらも否定されてしまった不幸な子どもなのです。

それゆえに結婚前にできた水子さんは、特に手厚く供養することが大切なのです。

そうすることによって、お母さんが結婚後にもうけた子どもの運もよくなるのです。具体的に何をすべきなのでしょう。それは水子さんが死後に宿る場所、つまりお墓を建ててあげることです。そして戒名を刻むことです。そうするとすべてが好転します。この点については、わたしは確信を持って断言する自信があります。子育てをするときに、ぜひ頭に入れておいてもらいたいことです。

ある信者さんがこんな話をしていました。自分には水子さんがいた。その水子さんの供養をしないまま次の子どもが生まれたが、その子は未熟児だった。

このお母さんは水子さんについて知ったのち、倶利加羅不動寺の本堂で憑かれたように拝むようになりました。その甲斐があって、その後、子どもは順調に育ち、今はわんぱくになっています。水子さんがいる人で、子どもとの折り合いが悪い人は、まず水子供養をすべきです。

妊娠中に逆子になっていることが判明すると、医師はいろいろな医療処置を試みます。ところがある医師はまったく別の方法を採りました。

「本気でお腹の子どもに詫びなさい」

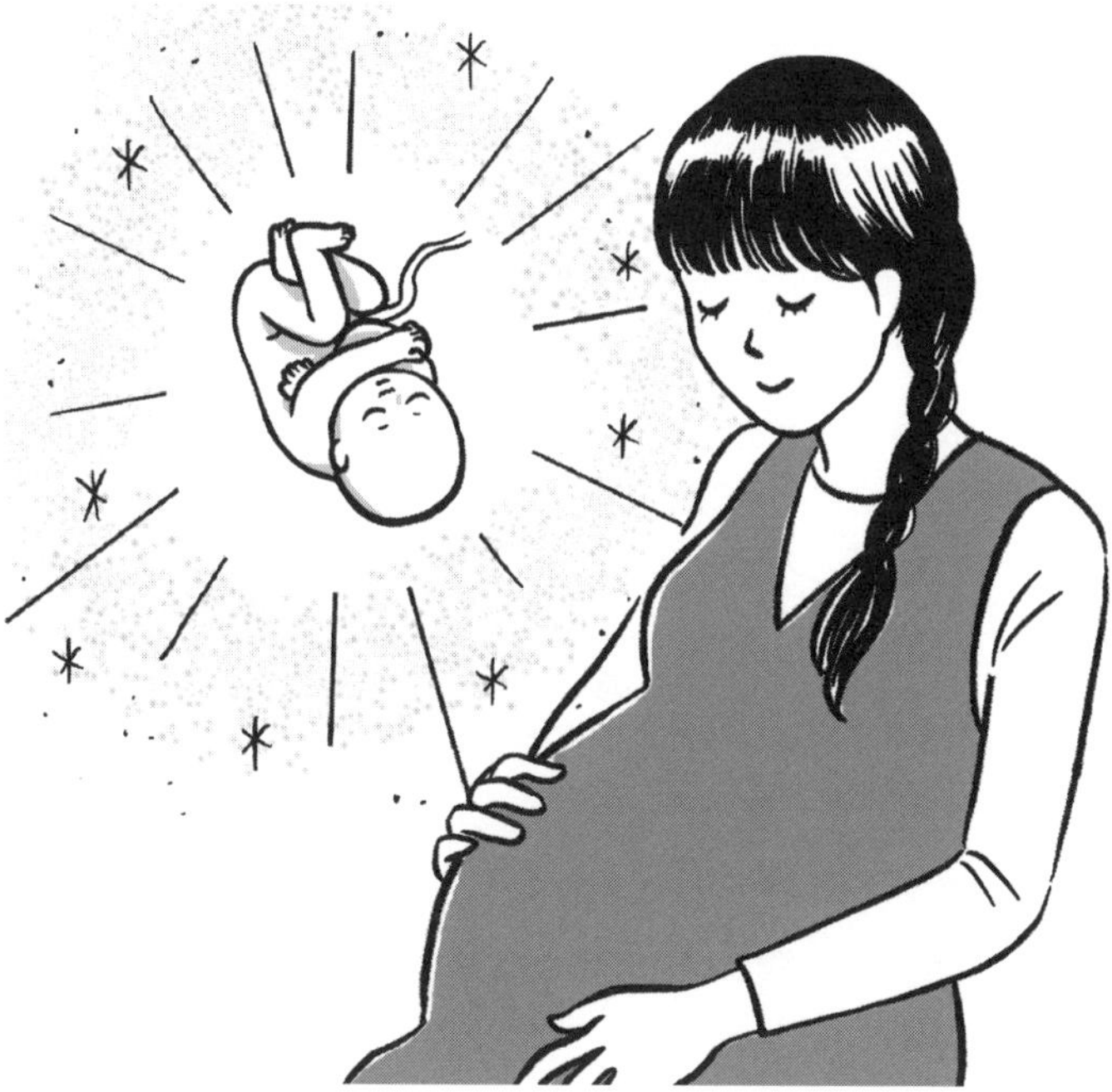

と、アドバイスしたのです。

「えっ」

「お腹の子に心から詫びるのです」

「それで治りますか」

「心から詫びれば自然に治ります」

母親は医師の指示に従って、お腹の子どもに詫びました。その結果、逆子が治ったのです。

36

欧米でも広がり始めた、水子供養で救われるという考え

なお、自分が作った水子さんだけを供養すればいいわけではありません。供養の対象は、自分以外の親族が流した水子さんをも含みます。たとえば自分には水子さんがいなくても、自分の兄弟姉妹に水子さんがいる場合などです。

水子さんのお母さんが供養しない場合は、周りの人々がそれを代行する必要があります。水子さんは自分の生みの親から供養してもらうことを願っていますが、それがかなわない場合は、他の血縁者にも、何かを訴えかけてきます。

わたしは思わぬトラブルに巻き込まれた人に、

「あなたには水子さんがいるのではないの」

と、質問することがよくあります。

「いえ、わたしにはいません」

「あそう、親戚には絶対にいるよ」

こんなふうに質問すると、思い当たる節があるという人が結構います。

たとえば経済的にはなに不自由していない名家に、障害を持った子どもが生まれたとか、ある時期から子どもに集中力が無くなって勉強に身が入らなくなったとか、自分の努力だけでは解決できないトラブルに遭遇しているケースがままあります。その原因が水子さんであることが多々あるのが実態なのです。

子どもを教育する上で水子さんによる影響を考慮に入れておくべきでしょう。

なお、水子さんや先祖の供養に関しては、宗派にこだわる必要はまったくありません。わたしが水子さんの話をすると仏法説話のように受け止める人がよくいますが、それとはなんの関係もありません。

実際、倶利加羅不動寺に参拝する人の中には、創価学会の人もいます。キリスト教徒の外国人もいます。最も多いのは、浄土真宗の門徒さんです。

浄土真宗は、先祖供養は不要という考えなのですが、僧侶の中には、
「先祖供養をしなくてもいいはずがないじゃないか」
と、はっきりと言う人もいます。先祖供養が必要だと盛んに説いている僧侶もいます。浄土真宗のように巨大な教団になると、一枚岩にはならないのです。

永敏師匠は、もともと宗教の違いにこだわらない人です。自分の中にいる神仏こそが本当の神仏だという考えです。したがって、倶利加羅不動寺ではどんな宗教の人でも受け入れます。西洋であればそんなわけにはいきませんが、永敏さんは宗派への強いこだわりはありません。

ある講演会でのことでした。質疑応答の時間に、ひとりの白人女性がこんな質問をしました。

「欧米の女性のなかに、水子さんの供養をしようという動きがあるのをご存じですか」
「それは知りませんでした」

わたしは女性に状況を説明するようにお願いしました。

欧米でも堕胎はある。堕胎が禁じられている国でも、自然流産がある。当然、水子

さんができる。流産した人は、もう一歩のところで子どもを産めなかったという心の痛みを引きずっている。

この女性は、日本には水子を供養する文化があると知って、驚いたというのでした。欧米も、水子さんを供養することで救われるという考えが広がり始めているというのでした。中国にはこうした思想はありませんが、日本には水子供養の思想があることに衝撃を受けたそうです。

37

見落とされがちな水子の問題。それが自分の子どもに跳ね返る

倶利加羅不動寺では墓じまいしてしまった人のために、小型の五輪塔を準備しています。これは手軽に、ベランダにでも、庭にでもおける墓です。こうした方法で寺への入口を広くしたのですが、この五輪塔を水子さんの墓として、購入された方もおられます。

この女性は、わたしが開眼法要した次に日に、

「これまで感じたことがないほど体が軽くなった」

と、電話してこられました。これは水子さんの霊が、この人から離れた証しにほかなりません。

倶利加羅不動寺境内の小高い丘に建つ水子供養像。多くの女性たちの救いになっている

「倶利加羅不動寺で水子さんの葬儀を終えて、自宅へ戻ると、急に子どもの態度がよくなっていました」

という報告もあります。これも水子さんの霊が離れた結果です。

先祖もそうですが、水子さんは必ず成仏させてほしいというのがわたしの願いです。成仏とは、たとえ水子さんであっても、ちゃんと寺院から戒名をもらうことです。その戒名を墓なり、水子地蔵に刻む。そして寺で開眼法要をしてもらう。これだけで水子さんは成仏するのです。

成仏すると、今度は供養が届きます。成仏していない仏をどんなに供養しても無意味です。ですからどうしても成仏させてほしい。それをするだけで自分の子どもが幸せになる可能性が高まるのです。

子どもを育てる場合、オーソドックスに学習塾などで習い事させておけば、それでいいというものではないのです。もっと基本的なことがあるのです。

世界には五感で知覚できる世界とできない世界があり、そのことをわきまえて子どもを育てなくては、子どもが原因不明のまま突然に登校拒否を起こしたり、予期せぬ病気に見舞われたりしかねません。水子さんを供養しなかったことが原因で、こうした悲劇を引き起こしていることも少なからずあるかもしれないのです。

現在は科学が重視されている世の中ですから、水子さんの問題は特に盲点になりやすいのです。それが自分の子どもにも跳ね返ってくるということも認識しておくべきでしょう。

コラム
瑞どうとく
7

美しい顔の作り方

たとえ顔が美しくても、心が汚れていると、表情のどこかに欠陥が浮かび上がって来るものです。目つきが悪くなるとか、翳りが現れるとか、口元がひん曲がるとか。逆に顔の形状はあまり良くないが心が美しい人の表情は、人を惹きつけます。人の顔には内面が色濃く反映するのです。

当然、魅力的な顔になるためには、心を豊にしなければなりません。たとえば、いつもお金儲けのことばかり考えている人は、吝嗇《りんしょく》そうな表情が顔に張り付きます。逆にお金の損得を抜きにして他人に尽くしている人は、ほがらかないい表情になります。そういう人のところへは優れた人が集まってくるものです。

それではどうすれば心を豊にすることができるのでしょうか。それは先祖を供養することです。これは断言できる真理です。

しかし、供養は必ずしも宗教の儀式を執り行うことではありません。心を込めて墓前で先祖と対話すればそれでいいのです。

わたしは常に、何か軽い気持ちで供養できるノウハウは無いものか思案しています。その方法のネーミングで出来ればさらに理想的です。供養をより手軽にすることによって、若い人も気軽に先祖との対話ができるようになるでしょう。

数年前にわたしは、「赤い衣装」というCDを出しました。この歌は宗教色の濃い歌ではありません。倶利加羅不動寺との出会いを歌ったバラード風の曲です。そこには縁や絆の世界があります。その意味では、新しいかたちの宗教観かも知れません。

この歌を聞けば心が豊かになります。それと同じように、新しい感覚で、新しい時代の供養の方法を提案するのがわたしのこれからの目標です。伝統に縛られない手っ取り早い供養の方法はないでしょうか。それによりだれでも手軽に美しい顔になれます。本当の意味で人間が輝き始めるでしょう。

付言

寺でしか教えることができないことがある

38

子育てでは、〝見えない世界〟を無視することはできない

倶利加羅不動寺に蛇の霊がついた女性が相談にみえたことがあります。この女性は、本堂でわたしに身の上に起きた不可解な出来事の数々を打ち明けているうちに気を失いました。車の運転中に前ぶれもなく気を失ったり、自分の子どもが重症の卵アレルギー症になったり、家庭に不幸が立て続けに起きているといいます。

事情を話しているうちに、女性は蛇のように畳の上をくねくねと這い始めました。妊娠してお腹が大きくなっていたので、胎児が傷つかないか気になり、わたしは女性を落ち着かせようと、足首をつかみ、畳に押し付けました。

しかし、その筋力は人間の力で止められるようなものではありませんでした。猛獣

の抵抗を連想させるすごい力でした。

この女性には蛇の霊が憑いていました。わたしはそれを取り除くのは難しいと判断しました。むしろ龍神として祭ったほうが、不可解な現象が収まるのではないかと考えました。

しかし、永敏師匠の承諾を得ることができませんでした。そこでわたしが住職になって、ようやく龍神として、祭ることを決め、祠を設置する場所を模索しました。ところがなかなか適当な場所が見つかりません。

最後に、池のほとりが最適と考えました。境内で豊かな水が湧いている唯一の場所です。考えてみれば、龍は水に住むので、池のそばを石仏の設置場所として選ぶのは合理的な判断です。

わたしが開眼法要をしました。それを機に女性から災いは消えました。子どものアレルギーの数値も極端に下がりました。

このエピソードでも明らかなように、また、本書でも繰り返し述べてきたように、この世の中には目に見える現象と目には見えない現象があるのです。そしてそれは大人だけではなく、子どもにも影響を及ぼしています。当然、子育てを考える場合、この点を考慮に入れて、なにをなすべきかを判断する必要に迫られる場合もあります。最近、墓じまいが流行っていますが、供養とは何かを理解していない人が増えているから、こうした現象が起きるわけです。墓じまいとは、単なる石の造形物を消すだけではなく、先祖の存在そのものを消すことになってしまうのです。

核家族化が進んで、墓の管理をする人がいなくなっていることが、墓じまいの背景にあるわけですが、もし、幼児から先祖を敬う心を育んでいれば、そう簡単に墓を撤去するような事態にはいたらないでしょう。先祖の話を聞かされ、先祖を供養しながら育った人は、墓じまいに強い抵抗を感じるはずです。

子どもに教える事柄はたくさんあります。先祖を敬う心を教えることはいうまでもなく、人を不幸にするように神仏に願ったりしてはいけないことなども教えておく必要があります。そうしたことを知らない人が少なからずいるからです。願い事をするときは、きれいな気持ちになることが大切です。不純な願い事を神仏は受け付けません。こうしたことも幼児から教え込んでおく必要があるのです。

39

人生は出会いと別れの繰り返し。住む世界が変わるとつながりも変わる

子どもは成長する過程で、新しい出会いと別れを繰り返します。人生には出会いと別れがあることを教えておくだけでも、友を失ったときの衝撃を緩和させることができます。

「類友」ともいいますが、自分と同じレベルの人と友達になる傾向があります。前述したように、わたしは幼い時から中学校を卒業するまで、佐世保の養護施設で育ちました。しかし、当時の友人との交流は現在は途絶えています。僧侶という道に進んだわけですから、住む世界も異なり、それにつれてかつての友人とも疎遠になっていったのです。

もし、あなたの息子さんが、あるいは娘さんが、親しくしてきた友人と疎遠になったとしたら、それは成長して住む世界が異なってきた結果だと教えてあげてください。そのうち自分と同じ価値観を持った新しい友達ができるでしょう。人間は自分と同じ価値観を持った人々とつながっていくのです。

自分の人間としてのレベルが上がれば、同じようにレベルの高い人とつながっていきます。逆に自分のレベルが落ちれば、低いレベルの人とつながっていきます。

一般論になりますが、おじいちゃんやおばあちゃんを大切にして慰問にでかけるような子どもは、どんどん上に行きます。そうすると、それまでつながっていた友達との縁が切れたり、逆に新しい縁が生まれたりします。住む世界が変わるとつながりも変わるのです。ですからそのことに一喜一憂する必要はないのです。

40 供養とは気のこと。徳を重ねれば、気力も高まってくる

わたしは今、供養とはなにかを突き詰めています。法話や講演の中でも頻繁に供養について語るわけですが、端的に言えば、供養とは気のことです。気こそが生きる上で大事なのです。気力がない人は何をしてもうまくゆきません。

その気は念じることで、死後の世界へも届くのです。その気を受けると魂は元気になります。元気になった魂は、われわれの世界に舞い戻ってきて、気力を吹き込んでくれるのです。

それがわれわれに精神的な安定や身体的な安定をもたらします。たとえば水子さんを供養しなければ、気は霊界へ届きません。するとその水子さんとつながっている

親や親戚の精神バランスが悪くなったりします。病気にもなります。

また、徳についていえば、徳の積み重ねで気力も強くなります。極論をすれば、通りすがりにすれ違った人がたまたまハンカチを落とした時、それを拾ってあげるだけでも徳が入ってきます。気が奮い立つので、自分自身も力を感じます。

電車の中で、立ったまま辛そうにしている高齢者に、「どうぞ」と席を譲ってあげる。それだけでも大変な功徳になります。小さい徳の積み重ねが、その人のレベルをだんだんと押し上げていきます。その結果、いい人間関係にも恵まれるようになるのです。

人との出会いは目に見えますが、それをつないでくれる徳が生み出す縁や気は目には見えません。しかし、見えなくとも、人生にプラスに作用しているのです。こうした原理を子どもの時から教えておかなければなりません。

かつての時代はこういう観念が生活の中にありました。地域の大人が、子どもに、

「人に迷惑をかけるな」

「悪いことするな」

一心不乱に護摩行を行う著者。「小さい徳の積み重ねが、その人のレベルをだんだん押し上げていきます」と語る

「困っている人を見たら助けなさい」

「いじめはよくない」

などと教えていたのです。

しかし、現在は、親がこうしたことを意識的に教えなければならない時代になっているのです。これが、わたしが本書を執筆した所《ゆ》以《えん》にほかなりません。

41

子どもに過剰な期待は無用。自然の理にまかせよう

ただ、子どもに過剰な期待はすべきではありません。というよりも、子どもに過剰な期待をしても無駄です。

親が子どもに期待するあまりに、子どもが得意でないことも強制したりしがちです。現在は、学習塾からスポーツ教室まで、あらゆる習い事をする機会が準備されています。当然、親としては子どもに期待します。

たとえば将来的に自分の子どもをピアニストにするために英才教育をする方針を持つ親がいるとします。いくら親が期待しても、適性がなければプロのピアニストにはなれません。わが子をいくらプロ野球の選手にしたいと思っても、誰もがプロに入れ

るわけではありません。

既に本書で述べたように、子どもの適性を見極めるためには、まず家系図を作って先祖の職業を調べてみることが大事です。親の期待と子どもの適性は、必ずしも一致しているとは限らないからです。

それに適性というものは、実に範囲が広く、ひとつの尺度で測ることはできないのです。学校の勉強はできないが、スポーツや音楽の能力に秀でている子どももいます。かと思えば、何かの工芸に卓越した才能がある子どももいます。

それぞれ異なったタイプの才能や資質に優劣を付けることはできないのです。むしろ運命や縁に判断を委ねるほうが無難なのです。

子どもには過剰な期待をせずに、自然の理にまかせることです。この世の中には、目に見えない世界を操るなにかがあるからです。

あとがき

前著『「墓じまい」の結末』では、お墓のもつ意味や先祖供養の具体的な方法についてお伝えしました。その背景には、墓じまいの急増があります。今や墓じまいがビジネスとしても成り立ち、電話ひとつで業者が墓じまいの法的手続きから、撤去作業までを実施してくれます。粉砕された墓石が、道路工事やビル建設に二次利用されることも珍しくありません。わたしからみれば、やってはいけない恐ろしいことが当たり前に横行しているのです。

僧侶の中にもあまり感心できない人が増えています。僧侶が外国のスポーツカーを乗り回していては、信者さんとしてはあまりありがたくはないでしょう。

こうした社会の変化を受け止め、その原因がどこにあり、どう解決すべきかを考えるときの道しるべとして著したのが本書です。内容についてここでは繰り返しませんが、基本的な考え方は、世界には目には見えないけれど霊界があることを心得て、それを前提として謙虚に生きなさいということです。

四月はわれわれ日本人にとって、一年の中のひとつの節目です。学校では学年が改まり、会社には新社会人が入社してきます。この節目に自分の生き方の指標として本書を参考にしていただきたいというのが、わたしの願いです。心がけひとつで人はどうにでも変わります。

なお、倶利加羅不動寺は、毎月第三日曜日の午後一時より先祖供養祭を開いております。また、護摩供養・護摩祈願も行っています。護摩とは、密教の奥義として古来より伝わるご祈祷の手法のことです。真言宗、天台宗、そして修験宗の日本三大密教において主に修法されている最高にして最強の祈願法です。現在日本において、女性の本護摩導師は倶利加羅不動寺の森下永敏大僧正おひとりだといわれています。動物霊供養や出張護摩供養も行っています。

さらに自殺防止の取り組みも推進しています。

日本の伝統を踏まえつつも宗派にこだわらない、現在に開かれたお寺をつくることが、わたしの目標とするところです。チベット寺院と倶利加羅不動寺が共存しても、何の問題もありません。
本書が皆様の一助になれば、これほど嬉しいことはありません。

子育《こそだ》てで忘《わす》れ去《さ》られたとても大切《たいせつ》なこと

2020年 5月21日 初版第1刷

著　者――――――――森下瑞堂《もりしたずいどう》
発行者――――――――坂本桂一
発行所――――――――現代書林
〒162-0053　東京都新宿区原町3-61　桂ビル
TEL／代表　03(3205)8384
振替00140-7-42905
http://www.gendaishorin.co.jp/
ブックデザイン＋DTP――吉崎広明（ベルソグラフィック）
カバー・本文イラスト――にしだきょうこ（ベルソグラフィック）

印刷・製本　広研印刷㈱
乱丁・落丁本はお取り替えいたします。
定価はカバーに
表示してあります。

ISBN978-4-7745-1849-7 C0037